CRIMINOLOGIA CRÍTICA BRASILEIRA

Da abolição da escravatura à libertação crítica

Blimunda

Edição e revisão técnica
Bruna Schlindwein Zeni

Revisão ortográfica
Jana Araujo

Capa, projeto gráfico e diagramação
Fabricando Ideias Design Editorial
fabricando.ideias

Editora Blimunda
Rua Paim, 420, cj. 55 - Bela Vista
São Paulo/SP - CEP 01306010
www.editorablimunda.com.br
contato@editorablimunda.com.br
editorablimunda

Dados Internacionais de Catalogação na Publicação (CIP)
(Câmara Brasileira do Livro, SP, Brasil)

Medeiros, Vanessa Cerezer de
Criminologia crítica brasileira : da abolição da escravatura à libertação crítica / Vanessa Cerezer de Medeiros. – 1. ed. – São Paulo : Editora Blimunda, 2021.

ISBN 978-65-991502-3-4

1. Abolicionismo 2. Criminologia - Brasil 3. Decolonialismo 4. Interseccionalidade. 5. Processo penal - Brasil 6. Sistema penitenciário I. Título.

21-56404 CDU-343.9(81)

Índices para catálogo sistemático:

1. Brasil : Criminologia : Direito penal 343.9(81)

Aline Graziele Benitez - Bibliotecária - CRB-1/3129

Como citar este livro
MEDEIROS, Vanessa Cerezer de. Criminologia crítica brasileira: da abolição da escravatura à libertação crítica. São Paulo: Editora Blimunda, 2021.

Nota da Editora
Os capítulos de Criminologia Crítica Brasileira, aqui transformados em partes, se complementam e, ao mesmo tempo, se basta(ria)m. Assim, não importa por qual das partes você iniciará a leitura – nem se pretende ler só uma das partes –, a outra parte a complementará.

Por isso, esse projeto gráfico ousado, de dois livros em um. Esperamos que aprecie!

Vanessa Cerezer de Medeiros

CRIMINOLOGIA CRÍTICA BRASILEIRA

Da abolição da escravatura à libertação crítica

O MOVIMENTO ABOLICIONISTA DA ESCRAVATURA

Blimunda

Brasil, meu nego
Deixa eu te contar
A história que a história não conta
O avesso do mesmo lugar
Na luta é que a gente se encontra

Brasil, o teu nome é Dandara
Tua cara é de cariri
Não veio do céu
Nem das mãos de Isabel
A liberdade é um dragão no mar de Aracati
Salve os caboclos de julho
Quem foi de aço nos anos de chumbo
Brasil, chegou a vez
De ouvir as Marias, Mahins, Marielles, malês.

Wantuir

Sumário

Apresentação

Aquelas de nós que estão fora do círculo do que essa sociedade define como mulheres aceitáveis, aquelas de nós que foram forjadas nos caldeirões da diferença – aquelas de nós que somos pobres, que somos lésbicas, que somos Negras, que somos velhas – sabemos que sobrevivência não é uma habilidade acadêmica. É aprender a estar sozinha, impopular e às vezes insultada, e a fazer causa comum com aquelas outras identificadas como externas às estruturas, para definir e buscar um mundo no qual todas nós possamos florescer. É aprender a tomar nossas diferenças e torná-las forças. Pois as ferramentas do senhor nunca vão desmantelar a casa-grande. Elas podem nos permitir a temporariamente vencê-lo no seu próprio jogo, mas elas nunca nos permitirão trazer à tona mudança genuína. E esse fato só é uma ameaça àquelas mulheres que ainda definem a casa-grande como sua única fonte de suporte.

Audre Lorde

Querido(a) leitor(a),

Imagino que esteja esperando que eu apresente aqui o caminho que percorrerá quando iniciar a leitura desta obra. Entretanto, deixarei para você as descobertas e o desbravamento do conteúdo completo, intenso e comprometido no qual mergulhará a partir de agora.

Isso porque quero relembrar pequenas trajetórias de Vanessa Cerezer de Medeiros, já que escritos como este, que pautam transformações profundas nas realidades sociais e nos novos paradigmas para as construções científicas, jamais estarão deslocados dos processos subjetivos de quem escreve.

Atravessada pela colonialidade do gênero, Vanessa é uma mulher resistente desde que sua construção enquanto sujeita começou a ser forjada sem muitas escolhas. Quando então encontra o Direito, já uma mulher adulta, suas experiências a movem para desejá-lo, para ter o direito de *ser* quem se é em um mundo que imprime em nossos corpos a barbárie que sustenta múltiplas opressões. Se via o Direito enquanto um campo em disputa, uma ferramenta revolucionária, eu realmente não sei responder, mas tenho certeza de que ela sabia que associá-lo genericamente a fenômenos de poder e força não era mais suficiente, razão pela qual esse campo precisaria ser, sim, (re)construído a partir de uma crítica que colocasse os sujeitos históricos – inclusive ela mesma – no centro da produção de saberes e conhecimentos que almejam mudanças de impacto social.

Ao escolher as Ciências Criminais, em um dos seus caminhos mais desafiadores, a criminologia a toca por ser esse lugar de "intervenção permanente", feito não só de crítica, mas também da permissão da autocrítica frente a uma academia que se esconde atrás dos seus privilégios e das suas práticas de silenciamento.

Mas é difícil subverter o poder! E quando se é mulher, os obstáculos são maiores. Vanessa descobriu no seu percurso que é praticamente impossível desconhecer o ato de *ser calada*.

Antes disso, no ano de 2017, ela saiu de Santa Maria (RS) em busca de uma formação que lhe auxiliasse na realização do sonho de ser professora de ensino superior e pesquisadora. Assim, chegou em Porto Alegre (RS) e iniciou seu processo de ingresso no mais conhecido programa de pós-graduação em Ciências Criminais do Brasil. Foi lá que a conheci, naquele mesmo ano.

Quando a teoria e a prática andam de mãos dadas, é impossível não reconhecer uma pessoa que ousa lutar. O mais interessante daquele ano é que eu estaria conhecendo uma das mulheres mais inteligentes que já passaram por mim e depois dali eu nunca mais escreveria meus manifestos com o mesmo olhar, porque Vanessa descortina, como você verá, a história pela memória. Ela incomoda, e o barulho que faz não é ensurdecedor, ao contrário: desperta e abre janelas e, para além das suas próprias especificidades, ela entregará o suporte do *ver* e do *fazer*.

De fato, Vanessa poderia ter trilhado múltiplas rotas para chegar à expressão das suas contribuições para uma Criminologia Brasileira. Contudo, ela é uma pensadora e pesquisadora que não se permitiria reescrever uma história nos marcos da naturalização das ausências, e é por isso que desde quando a conheço, ela diz que aqui não se trata de um caso de reescrever, mas de **rememorar** para pensar uma epistemologia que interpele e seja interpelada. Para isso, deveríamos, portanto, nunca nos esquecer que a construção do Estado-nação brasileiro se deu sobre a concessão de lugares privilegiados de acesso a recursos materiais e simbólicos, inicialmente impulsionados pelo imperialismo e pelo colonialismo racista, que hoje se refletem na preservação de não-lugares na criminologia latino-americana.

Vanessa nos alerta: *Tratar somente da questão de classe, da luta de classes, dos principais eixos de opressão denunciados pela Criminologia Crítica, não dá conta de explicar nem alcançar a experiência repressora do racismo que atravessam as estruturas de classe de matriz colonial.*

Assim, ela se une a sujeitos e sujeitas que bradam não haver mais tempo. A história cobra a nossa participação no rompimento da estrutura racializada do poder punitivo e tal ato perpassa a escuta e o aprendizado junto daquelas/eş que foram marcados pelas violências históricas, não poucas vezes legitimadas pelo saber científico.

À vista disso, o que a autora faz aqui é tirar o racismo do lugar de recorte no campo crítico criminológico, através da matriz metodológica interseccional, trazendo à tona fatos históricos que são mecanismos essenciais para pensar a responsabilidade da criminologia diante de opressões produzidas por dispositivos de perpetuação da colonialidade. Vanessa fala sobretudo de política de morte e das rupturas necessárias para a promoção de uma Criminologia Brasileira que não se esqueça jamais do sangue e dos corpos que sustentam a construção do nosso Estado-nação, sendo esses ainda os objetos da mais dura intervenção do poder punitivo que não apenas controla e pune, mas os faz ao limite do extermínio.

Reaprender a pensar, então, parece-me ser o método que nossa pesquisadora utiliza desde sua graduação; aperfeiçoado na Especialização em Ciências Penais e aprimorado no Mestrado em Ciências Criminais. Não imagino que seja fácil romper com o pacto da branquidade masculinista e com as grandes narrativas criminológicas, mas tenho certeza de que é isso que se faz quando há o compromisso com produções menos excludentes.

Vanessa publica seu livro hoje sendo a grande promessa dos nossos tempos: ao lado de Vera Regina Pereira de Andrade e Vera Malaguti Batista, com certeza será uma das maiores criminólogas do Brasil; ao lado de Ana Flauzina, Camila Prando, Luciano Góes, Evandro Piza, dentre tantas outras e tantos outros, ela já uma denunciante do *racismo como um dispositivo que toma a morte pela vida*, razão pela qual *uma criminologia que se diz ser brasileira deve, necessariamente, compreender o racismo como base estruturante não só dela mesma enquanto etiológica, mas como base da estrutura social brasileira.*

O percurso de descoberta que você trilhará agora é de compreensão de uma criminologia enquanto um lugar de "intervenção permanente", mas também um lugar tendencioso para repetir ausências históricas; lugar – ausência marcada pelo racismo.

Por isso, ao deixar a casa-grande como fonte de suporte, perceberemos que intervir não basta! Precisamos (re)aprender a lembrar e a pensar. Por uma epistemologia antirracista na construção da Criminologia Brasileira! É para isso que leremos e referenciaremos a obra impecável de Vanessa.

Michelle Karen Santos
Porto Alegre, janeiro de 2021.

Introdução

Diz-se que toda pesquisa é um trabalho solitário, principalmente quando atravessada pela experiência acadêmica predominantemente branca, hétero e masculina. Penso o quanto é difícil tentar moldar as ideias no enquadramento do filtro científico, ideias essas das quais se espera neutralidade, sob pena de serem julgadas como pessoalizadas, convenientes ou sentimentalistas.

Penso também o quanto nós, mulheres, e nosso ato de escrita representamos uma revolução desde dentro, uma construção de autoconfiança, na qual sempre se espera um ato de aprovação daqueles que nos colocam à prova; momento em que temos que demonstrar, sempre com maior vigor, nossa capacidade de produzir ciência ou, o que seria ainda mais interessante, de romper com o que se entende por ciência.

Além disso, lembro-me das tantas vezes que, na solidão da pesquisa, fui acompanhada por uma rede de mulheres maravilhosas, fosse em presença, fosse em referência bibliográfica, que proporcionaram a produção deste trabalho, na verdade realizado a muitas mãos. Nós, mulheres e LGBTQIA+, ao produzir uma intervenção permanente, afeita à crítica criminológica, devemos interseccionalizar nossas lutas com as demais opressões produzidas pelo governo da punição, pois nossas (re)existências, por si só, ainda mais quando vividas em coletividade, deformam a ordem nada natural das coisas.

Portanto, situo-me nesse livro – que é fruto das pesquisas realizadas para escrita da minha dissertação de Mestrado em Ciências Criminais da PUCRS -, como pesquisadora que encontrou na criminologia brasileira, mesmo na crítica, alguns silenciamentos que impediram que a área em questão considerasse uma perspectiva interseccional entre gênero, raça e classe.

Antes de tratar dos pontos que permearam os motivos da pesquisa que ora se faz livro, é preciso elucidar o ponto de partida da escrita deste trabalho. Dediquei-me a escrever sobre racismo com a consciência e com o cuidado para tratar do tema com (auto)responsabilidade, para não recair nos mesmos equívocos que denuncio, para não apagar e nem calar as vozes que devem apoderar-se do protagonismo sobre a questão. Assim sendo, acuso, nesse livro, o epistemicídio, o pacto da branquitude acadêmica, o sequestro do enquadramento científico, a tomada de protagonismo das lutas e, principalmente, o silêncio da criminologia quanto à escravidão no Brasil como suporte para o racismo científico defendido pós-abolição da escravatura. Minha escrevivência não partiu da experiência da dor produzida pelo racismo (e é por isso que não desenvolvo o trabalho em primeira pessoa), mas da consciência de que, bem como os eixos de opressão próprios do capitalismo e do patriarcado, o racismo os atravessa e os constitui, devendo deixar de ser abordado apenas como recorte de uma história do passado da criminologia. Ainda, essa experiência tem como ponto de partida a consciência de que a branquitude também faz parte das relações raciais que ela mesma criou, recriou, produziu e perpetuou, como bem denuncia Maria Aparecida Bento.[1]

Ademais, a brancura da intelectualidade brasileira sempre se colocou fora das relações raciais, como se delas não fizesse parte, sem perceber que sua própria intelectualidade só é reconhecida devido às relações raciais de que fazem parte, utilizando do academicismo para produzir e reproduzir o racismo em suas escritas.

Assim, a perspectiva lançada nesta obra é a de que a adoção do discurso criminológico crítico brasileiro não pode deixar de denunciar e se tornar responsável pelas traduções do pensamento criminológico positivista, o qual legitimou o genocídio do negro no Brasil, servindo à aniquilação/anulação e extermínio dos povos originários, do negro brasileiro e da ancestralidade afro.

A importância desse diagnóstico se faz pelo fato de que a criminologia é um instrumento de poder, e a adoção de uma criminologia crítica poderá ser um instrumento de luta contra o poder[2] e, assim sendo, uma luta cons-

---

1 BENTO, Maria Aparecida. Branqueamento e Branquitude no Brasil. *In*: **Psicologia Social do Racismo**: Estudos sobre branquitude e branqueamento no Brasil. Rio de Janeiro: Vozes, 2002, pp. 24-58.

2 CASTRO, Lola Aniyar de. **Criminologia da Libertação**. Tradução de Sylvia Moretzsohn. Rio de Janeiro: Revan, 2005, p. 53.

tante contra o poder punitivo. Em outras palavras, somente dessa forma a criminologia pode ser tomada como resistência.

Essa luta somente se fará possível se a história brasileira for adotada como objeto de pesquisa, percebendo suas traduções criminológicas positivistas como legitimadoras do racismo já estruturado nas relações sociais desde a colônia. Isto posto, é momento de desvendar as nuances que permitiram que uma criminologia legitimadora do extermínio tenha sido aderida e defendida no Brasil logo após a libertação dos escravizados. Dessa forma, o positivismo europeu proporcionou a intelectualidade brasileira, em sua estrutura de poder hierarquizada na raça, um fundamento científico que potencializou os efeitos de dominação do corpo negro. É necessário, portanto, conhecer nossa história e, sobretudo, entender como os brancos são responsáveis pela história do racismo.

Gostaria de situar o leitor no sentido de que, apesar desta pesquisa investir, em certa medida, na constatação de que o Estado-nação brasileiro estrutura-se sobre bases racistas, não se está aqui reduzindo as relações de poder ou o racismo a uma compreensão estatocêntrica, o que poderia ser a conclusão de uma leitura menos aprofundada deste texto. Pelo contrário, o ponto de partida é entender como emerge a criminologia no Brasil dentro das relações de poder para além de uma percepção puramente estatista.

O fato do objeto de análise, em um determinado momento, dedicar-se ao surgimento da Nação brasileira na Primeira República significa, tão somente, uma escolha dentro da pesquisa, não desconsiderando, contudo, os elementos pré-compreensivos de que as relações de poder, aquelas também acionadas, exercidas e moduladas pelo dispositivo raça, existem para além do Estado e independentemente dele.

Por "brasileira", também não se defende uma criminologia territorialista, circunscrita e limitada criticamente à realidade de cada país. Até mesmo porque o fundo teórico parte do ponto de que criminologia crítica significa uma tomada de posição[3], uma tomada de posição possível dentro do realismo marginal, ou deveria se dizer, dentro da realidade criada pelo colonialismo.

---

3 AMARAL, Augusto Jobim do. **Política da Criminologia.** São Paulo: Tirant lo Blanch, 2020, p. 65.

O que se pretende, portanto, ao dizer "criminologia brasileira" não é reduzi-la a uma realidade ditada como marginal, mas tão somente tratar do que muito pouco se trata acerca de criminologia no Brasil: compreender sua matriz racista para além de suas traduções e do cientificismo; compreender como a práxis atua na teoria, e como a teoria, enquanto discurso, enquanto saber-poder, também é práxis.

Àqueles que esperavam um trabalho histórico, alerto: Não se trata de análise da história do pensamento criminológico, tampouco do passado dos sistemas penais. Isso já temos à exaustão. Trata-se de uma tarefa ética frente aos que não estão mais presentes, mas sobretudo aos que estão presentes vivos, potências desestabilizadoras. Para tanto, faz-se necessário compreender alguns desajustes para produzir possíveis rupturas.

Em algumas das pesquisas realizadas sobre o controle social brasileiro, ao colocar a questão racial em pauta, imputam à criminologia positivista o ranço racista que estruturou o poder punitivo brasileiro, esquecendo-se de que a escravidão moderna, justificada pela hierarquia racial, serviu de experimento prático e discursivo de controle, tanto dos escravizados quanto dos libertos antes da decretação definitiva da abolição da escravatura, em 1888, bem como após a abolição. As vozes que colocam em pauta a questão racial devem ser ouvidas pela academia na elaboração de trabalhos científicos, dissertações e teses que atentem para a produção de uma criminologia eminentemente brasileira. Dessa forma, propõe-se o debate racial não como recorte criminológico, mas como base estruturante própria do controle social/racial brasileiro desde o período escravagista.

No entanto, é necessário pensar para além das importações, dos ditos erros metodológicos, sem associar o racismo a perspectivas alienígenas à nossa realidade. Há que se entender os discursos que impulsionaram o movimento abolicionista, traçando uma relação entre o controle sobre o corpo negro, a criminologia e o controle social. Pretende-se explicitar aqui não mais o entendimento de que as traduções são meros erros decorrentes da dependência intelectual, mas como são resultado da manutenção de uma sociedade em que a cor estipula a classe social, dividida em castas e, principalmente, estruturada no racismo.

Nesse sentido, alguns ilustres trabalhos acadêmicos já se prontificaram a abordar a questão racial como elemento de constituição e compreensão de uma criminologia, de fato, brasileira, tais como: *Criminologia e Racismo: Uma introdução à criminologia brasileira*, de Evandro Piza Duarte; *Direito e Relações Raciais: Uma introdução crítica ao Racismo*, de Dora Lúcia de Lima Bertulio; *Corpo Negro Caído do Chão: O sistema penal e o projeto genocida no Estado Brasileiro*, de Ana Luiza Flauzina; *O Saber dos Juristas e o Controle Penal: O debate doutrinário na revista de direito penal (1933-1940)*, de Camila Cardoso de Mello Prando; *A Tradução de Lombroso na Obra de Nina Rodrigues: O racismo como base estruturante da criminologia brasileira*, de Luciano Góes, *Construção do Outro como Não-Ser como Fundamento do Ser*, de Sueli Carneiro, *Pensamento Criminológico na Primeira República: o Brasil em defesa da sociedade*, de Rebeca Fernandes Dias. Todas essas pesquisas são exemplos da tentativa de re(construção) de uma criminologia crítica que poderá ser entendida como brasileira, haja vista nossa história de escravidão e de racismo ideologicamente construído desde antes de sua construção científica.

Aqui, a tentativa é de compreender como o movimento abolicionista foi sequestrado pela elite, principalmente a partir dos discursos dos parlamentares abolicionistas e das leis de gradual abolição da escravatura, tendo como base sua relação com a recepção da criminologia no Brasil da Primeira República. Para isso, foi necessária uma extensa pesquisa sobre como o movimento abolicionista, bem como as legislações que gradualmente aboliram a escravatura, encobriram em seu discurso uma política de controle social sobre os corpos negros e, assim, contribuíram para o apagamento e a apropriação pela elite da luta dos negros por sua liberdade.

O processo de exclusão na constituição do Brasil como Nação, permitida pela continuidade do discurso colonial, estruturado na hierarquização racial, estando o branco europeu no topo da pirâmide, é o que justifica as traduções de uma criminologia positivista no Brasil.

Os discursos proferidos na abolição da escravatura pelos parlamentares e as leis de gradual abolição da escravatura, mais bem adjetivadas como leis de adiamento da liberdade, mantiveram a narrativa colonial a partir de um falso humanismo e benevolência exclusivamente atribuídos à elite branca. Em todos eles, é possível perceber que ao negro ainda era imputada a condição de coisa ou, no máximo, de pessoa a quem liberdade deveria ser ensinada. A partir dessa análise foi possível identificar as motivações da intelectualidade brasileira ter aderido ao pensamento criminológico positivista.

Quanto às traduções do pensamento criminológico, verificar-se-á como a Nação se tornou a maior preocupação dos criminologistas, penalistas e sociólogos, muito mais do que a questão do crime e do criminoso. Assim, perceber-se-á que mais do que o criminoso, a criminologia positivista, no Brasil, escolhe o negro como seu objeto de pesquisa, justamente com o intuito de eliminá-lo da formação da Nação brasileira.

A grande festa colonial, metáfora narrada por Lélia Gonzales[4] e muito bem identificada por Obirin Odara[5], vem sendo extraordinariamente celebrada pela criminologia que ora utiliza os corpos pretos como objeto de pesquisa, ora os convida a sentarem-se à mesa para ouvir a descrição que os brancos fazem de suas opressões.

Por isso, é necessário partir da compreensão de que o ritual da violência colonial produzia discursos e estabelecia a hierarquia, o disciplinamento e o

---

4 No prefácio ao artigo "Racismo e Sexismo na Cultura Brasileira", intitulado "Cumé que a gente fica?", Lélia Gonzales expõe, em metáfora, o que a reconhecida intelectualidade brasileira se prestou a fazer na produção do conhecimento intelectual que identificava as opressões produzidas sobre os corpos negros. Ocorre que, e aqui podemos puxar a ilustração de Lélia para a criminologia crítica, ao abordar o corpo negro como "vulnerável às opressões", principalmente do poder punitivo, o criminólogo, geralmente marcado pela branquitude, além de não se perceber dentro das relações raciais, ainda excluía a produção de conhecimento afrocentrado. Nesses termos, o criminólogo produzia suas pesquisas na tentativa de compreender as opressões sofridas sobre corpos vulneráveis (em realidade, vulnerabilizados), compreendendo a América Latina como um amontoado de mortos, sem percebê-los como sujeitos que também resistem.

5 No curso ministrado por Obirin Odara, "Colonialidade e Branquitude", Obirin identifica a descrição de Lélia, no prefácio ao texto citado, como uma grande festa colonial, na qual negras e negros são convidados a sentarem-se à mesa, que já estava muito cheia, razão pela qual negras e negros não puderem se sentarem junto aos brancos. A metáfora é exatamente identificar a produção do conhecimento como uma grande festa colonial. Não se rompe com a colonialidade, não se rompe com o racismo, chega-se até ao ponto de se inventar uma democracia racial, mas os que estão sentados à mesa, os que são escutados, os que estão legitimados a produzir conhecimento válido, continuam sendo, em sua maioria, homens brancos.

comportamento, na colônia e dos sujeitos a ela submetidos[6]. O que se quer dizer é que a colônia serviu de experimento, na qual também se produziram discursos sobre o controle social vigente até os dias de hoje.

Quando se defende que a criminologia não passa da continuidade do discurso produzido na colônia, não se está aqui desconsiderando o que foi advertido por Foucault, que devemos nos libertar da ideia de continuidade da história das ideias[7]. Não se trata de defender que a história é contínua, não se trata de adotar uma linguagem moderna, mas propriamente daquilo de que Foucault nos fala, o discurso dito repousa em um já-dito:

> e que este já-dito não seria simplesmente uma frase já pronunciada, um texto já escrito, mas um "jamais-dito", um discurso sem corpo, uma voz tão silenciosa quanto um sopro, uma escrita que não é senão o vazio de seu próprio rastro. Supõe-se, assim, que tudo que o discurso formula já se encontra articulado nesse meio-silêncio que lhe é prévio, que continua a correr obstinadamente sob ele, mas que ele recobre e fez calar.[8]

Para Foucault, o discurso dito, manifesto, não é nada senão a presença repressiva daquilo que ele não diz, sendo esse não-dito, em realidade, tudo

---

6 "O ritual define a qualificação que devem possuir os indivíduos que falam (e que, no jogo de um diálogo, da interrogação, da recitação, devem ocupar determinada posição e formular determinado tipo de enunciados); define os gestos, os comportamentos, as circunstâncias, e todo o conjunto de signos que devem acompanhar o discurso; fixa, enfim, a eficácia suposta ou imposta das palavras, seu efeito sobre aqueles aos quais se dirigem, os limites de seu valor de coerção. Os discursos religiosos, judiciários, terapêuticos e, em parte também, políticos não podem ser dissociados dessa prática de ritual que determina para os sujeitos que falam, ao mesmo tempo, propriedade singulares e papéis estabelecidos." (FOUCAULT, Michel. **A Ordem do Discurso**: Aula inaugural no Collège de France pronunciada em 2 de dezembro de 1970. Tradução de Laura Fraga de Almeida Sampaio. São Paulo: Loyola, 1996, p. 39.)

7 FOUCAULT, Michel. **A Arqueologia do Saber**. Tradução de Luiz Felipe Baeta Neves. 5 ed. Rio de Janeiro: Forense Universitária, 1997, p. 23.

8 FOUCAULT, Michel. **A Arqueologia do Saber**. Tradução de Luiz Felipe Baeta Neves. 5 ed. Rio de Janeiro: Forense Universitária, 1997, p. 28.

o que se diz[9]. Não se trata, portanto, de buscar a origem da criminologia positivista no Brasil, tampouco a história do racismo, mas sobretudo de compreender quais foram as condições que permitiram as traduções criminológicas. Trata-se de entender como o dito da criminologia positivista parte do já-dito na colônia e dos ditos e não-ditos sobre a abolição da escravatura. Foucault refere que, antes da análise dos discursos, é necessário adentrar na população dos acontecimentos, aos quais deu o nome de "acontecimentos discursivos"[10]. Assim, o que importa não é propriamente os acontecimentos históricos, suas continuidades ou rupturas, pois não se trata de entender o que se dizia no que foi dito, mas de compreender nos enunciados as condições de sua existência e estabelecer sua relação com outros enunciados, quais sejam na presente pesquisa: a abolição da escravatura, a construção da nação brasileira na Primeira República e as traduções criminológicas.

Na análise do discurso, toma-se por enunciado aquilo que é estranho porque surge a partir de uma emergência, a partir daquilo que é escrito ou daquilo que é falado, mas também porque, apesar de único, abre espaço para repetições, transformações, adaptações, não só porque se entrelaçam e se ligam àquilo que provocou os enunciados ou suas consequências, mas porque se conectam aos enunciados que o precedem[11]. É entender que as traduções criminológicas foram precedidas do que se dizia sobre a abolição da escravatura, em que a liberdade do negro é a todo tempo questionada.

Remontar a essas condições em que se produziram os enunciados permitirá tornar "legítimo construir, a partir de relações corretamente descritas, conjuntos que não seriam arbitrários, mas que, entretanto, teriam permanecido invisíveis".[12] De fato, essas condições permaneceram invisíveis ao diagnóstico realizado pela nova criminologia latino-americana em

---

9 FOUCAULT, Michel. **A Arqueologia do Saber**. Tradução de Luiz Felipe Baeta Neves. 5 ed. Rio de Janeiro: Forense Universitária, 1997, p. 28.

10 FOUCAULT, Michel. **A Arqueologia do Saber**. Tradução de Luiz Felipe Baeta Neves. 5 ed. Rio de Janeiro: Forense Universitária, 1997, p. 30.

11 FOUCAULT, Michel. **A Arqueologia do Saber**. Tradução de Luiz Felipe Baeta Neves. 5 ed. Rio de Janeiro: Forense Universitária, 1997, p. 32.

12 FOUCAULT, Michel. **A Arqueologia do Saber**. Tradução de Luiz Felipe Baeta Neves. 5 ed. Rio de Janeiro: Forense Universitária, 1997, p. 33.

que, apesar de não a ignorar por completo, não partiu da hipótese colonial para compreender as traduções do pensamento criminológico positivista. Partirei, também, da análise dos silêncios, os quais "são parte integrante das estratégias que apoiam e atravessam os discursos".[13]

Para tanto, analisei os enunciados emanados através de alguns arquivos, sendo eles: "Considerações e Projeto de Lei para a Emancipação dos Escravos: Sem prejuízo de seus senhores, nem grave ônus para o Estado", escrito por Luiz Francisco da Câmara Leal; "Manifesto da Sociedade Brasileira Contra a Escravidão", publicado em 1880 e de autoria de Joaquim Nabuco — documento fundador da sociedade brasileira contra a escravidão, disponível na biblioteca digital do Senado —; e a votação na Câmara do Projeto de Extinção da Escravidão no Brasil (ACD 09.05.1888), proposto também por Joaquim Nabuco, aprovado em 10 de maio de 1888 e assinado pela princesa imperial em 13 de maio e 1888. Tais documentos estão disponibilizados on-line na página do Senado e na página da Câmara. Ademais, também serão postos em análise as leis e os decretos que tratavam sobre o fim paulatino da escravidão, até chegar à Lei Áurea, que aboliu, juridicamente, o regime de escravidão do corpo negro em que se assentavam a sociedade e a economia brasileira em 13 de maio de 1888.

Não se pretendeu analisar tudo o que foi proferido pelos principais abolicionistas da época, nem mesmo todos os documentos oriundos dos movimentos abolicionistas, como aqueles estampados em jornais da época, em peças de teatro, em manifestações públicas, ou os atos de resistência, dado o limite do espaço aqui disponível. A escolha dos documentos não se deu arbitrariamente, mas por estarem disponíveis nas páginas da Câmara e do Senado, o que significa que são documentos que essas instituições elegeram para serem lembrados.

Essa escolha se dá, em realidade, no nível do arquivo, pois não se trata de coletar todos os documentos da época, de uma sociedade escravagista em extinção, posto que seria impossível não deixar de fora alguns arquivos, seja pela impossibilidade de conhecê-los, de acessá-los ou, até mesmo,

---

13 FOUCAULT, Michel. **História da Sexualidade**: A vontade de saber. Tradução de Maria Thereza da Costa Albuquerque e J. A. Guilhon Albuquerque. 7 ed. Rio de Janeiro/São Paulo: Paz e Terra, 2018, p. 31.

pela multiplicidade dos elementos discursivos apresentados em estratégias diferentes e não documentadas. Os documentos analisados, apesar de não constituírem o todo, permitem compreender a "função enunciativa que nele se exerce, da formação discursiva a que pertence, do sistema geral de arquivo de que faz parte".[14]

A análise do discurso foi uma preocupação constante durante todo o processo de escrita, cujo resultado foi dividido em dois momentos. No primeiro deles, a atenção voltou-se aos documentos citados sobre a abolição da escravatura, bem como às leis de abolição gradual da escravatura, visando verificar que os primeiros estão tomados pela construção do negro como Outro, sempre assujeitado, sempre inferiorizado, e que as segundas correspondiam ao controle sobre o corpo negro "liberto". Ao final dessa parte, constata-se que houve a manutenção da mesma ordem discursiva colonial, embasada na hierarquização racial e no racismo.

No outro momento, adentrei na criminologia brasileira e em suas traduções do pensamento criminológico positivista, como também na nova criminologia (crítica). Pretendendo, com isso, indicar algumas pistas sobre o que constitui uma criminologia crítica brasileira combatente, denunciadora e, sobretudo, antirracista.

Em análise dos principais criminologistas da Primeira República se constata que a maior preocupação se voltava à construção da identidade brasileira, muito mais do que propriamente à questão criminal. O estereótipo do criminoso era daquele que não se encaixava no ideal de brasileiro, aquele que não poderia fazer parte da sociedade brasileira em formação: o negro. Essa característica da criminologia positivista escapou à análise da nova criminologia denunciadora dos modos de punição no modo de produção capitalista.

Por fim, os aportes de uma criminologia crítica são lançados, pelo viés da interseccionalidade, na verificação de que as traduções da criminologia positivista não foram incorporadas por acaso, apenas por dependência intelectual. Havia um projeto excludente na formação da sociedade brasileira para o qual a criminologia positivista contribuiu. Propõe-se viagens culturais

---

14 FOUCAULT, Michel. **A Arqueologia do Saber**. Tradução de Luiz Felipe Baeta Neves. 5 ed. Rio de Janeiro: Forense Universitária, 1997, p. 151.

transatlânticas para além da Europa; trata-se de conectar o pensamento criminológico ao Atlântico Negro, às Cidades Negras, à história colonial.

Alguns conceitos se tornaram indispensáveis para a análise dos documentos, mas principalmente para voltar a criminologia à história colonial brasileira, sendo eles o conceito de *dispositivo*, *biopolítica* e *necropolítica*.

Usei dispositivo para falar sobre o racismo, sobre ser o racismo um dispositivo, um dispositivo de saber/poder e que forja subjetividade. Michel Foucault tratou o racismo não como um "edifício ideológico"[15] surgido em determinado momento da história, mas um projeto revolucionário do avesso, utilizado para manter aquele direito de Soberania[16] do Estado, soberania essa que não é mais utilizada por preceitos "mágico-jurídicos, mas por técnicas médico-normalizadoras".[17] Portanto, o dispositivo, considerado como uma série de práticas sobre a verdade, demarcando o que não existe no real, aquilo que existe como pura ficção, é o que submete essa não existência no âmbito do verdadeiro ou falso.[18] Dispositivo[19] é aquilo que será acionado

---

15 FOUCAULT, Michel. **Em Defesa da Sociedade**: Curso no Collège de France (1975 – 1976). Tradução de Maria Ermantina Galvão. 2 ed. São Paulo: Martins Fontes, 2010, p. 68.

16 Esse direito de Soberania de que nos fala Foucault é aquele vinculado ao direito de matar. É esse direito de matar que faz ter o Soberano o direito sobre a vida, tratado como o direito de fazer morrer e deixar viver. (FOUCAULT, Michel. **Em Defesa da Sociedade**: Curso no Collège de France (1975 – 1976). Tradução de Maria Ermantina Galvão. 2 ed. São Paulo: Martins Fontes, 2010, p. 202.)

17 FOUCAULT, Michel. **Em Defesa da Sociedade**: Curso no Collège de France (1975 – 1976). Tradução de Maria Ermantina Galvão. 2 ed. São Paulo: Martins Fontes, 2010, p. 68.

18 FOUCAULT, Michel. **O Nascimento da Biopolítica**: Curso dado no Collège de France (1978/1979). Tradução de Eduardo Brandão. São Paulo: Martins, Fontes, 2008, p. 27.

19 A linha de força, que é a dimensão do poder, interioriza o dispositivo e é variável a ele. É aquilo que atravessa o dispositivo, de um ponto ao outro, linha de forças que são indizíveis e indivisíveis, que são desentranháveis como um emaranhado. (DELEUZE, Gilles. O que é um Dispositivo? *In*: **O Mistério da Ariana**. Tradução de Edmundo Cordeiro. Lisboa: Passagens, 1996. Disponível em: http://www.uc.pt/iii/ceis20/conceitos_dispositivos/programa/deleuze_dispositivo. Acesso em: 17 dez. 2020.)

através de um saber-poder e, no caso, um saber sobre a raça, o dizer sobre a raça, o discurso sobre a raça, estratégias de controle, técnicas, tecnologias, produção de subjetividades e que orienta um projeto político do Ocidente na modernidade.

A biopolítica, a qual tem no racismo sua cesura, é uma estatização do biológico que complementa o direito de soberania de fazer morrer e deixar viver, é o que transforma o direito político do século XIX em fazer viver e deixar morrer, é a apropriação do homem-espécie, do biológico, pelo Estado. A biopolítica lida, portanto, "com a população, e a população como problema político, como problema a um só tempo científico e político, como problema biológico e como problema de poder".[20]

Para Mbembe, na Colônia e em seu regime de *apartheid* surge uma forma particular de horror, pois apresenta a concatenação entre o biopoder, o estado de exceção e o estado de sítio.[21] O uso do termo necropoder, para o autor, pode assumir várias formas, podendo elas ser a morte real ou a destruição de uma cultura para salvar o povo de si mesmo.[22] É o que permite vincular o conceito à construção da identidade nacional que, visando à sobrevivência da sociedade brasileira, defendeu a aniquilação do, até então, brasileiro.

O uso dos termos biopolítica e necropolítica não se fez para diferenciá-los, pois entendo apresentarem um aspecto comum do poder sobre o biológico. Faço-o porque Mbembe trata da escravidão como sendo o primeiro campo de experimentação biopolítica.[23] A adoção, por vezes, do prefixo *necro*, em vez de *bio*, resume-se, tão somente, à questão do deslocamento e ao projeto de entrelaçamento com o outro lado do Atlântico diverso da Europa. Ademais, a presença da morte, em que o racismo é sua condição de

---

20 FOUCAULT, Michel. **Em Defesa da Sociedade**: Curso no Collège de France (1975 – 1976). Tradução de Maria Ermantina Galvão. 2 ed. São Paulo: Martins Fontes, 2010, p. 206.

21 MBEMBE, Achille. **Necropolítica**. Tradução de Renata Santini. São Paulo: N-1 edições, 2018, p. 31.

22 MBEMBE, Achille. **Necropolítica**. Tradução de Renata Santini. São Paulo: N-1 edições, 2018, p. 31.

23 MBEMBE, Achille. **Necropolítica**. Tradução de Renata Santini. São Paulo: N-1 edições, 2018, p. 27.

aceitabilidade, é candente à percepção do colonizado, pois a vida dos povos originários e dos escravizados passa a ser uma morte-em-vida.[24]

Foram essas referências trazidas aqui neste início-fim, dentre outras, que tornaram possíveis os pontos fora da curva do pensamento criminológico, driblando o inconsciente colonial-capitalista e tornando possíveis novas formas de recortar a fita de Moebius, exemplificada por Suely Rolnik em *Esferas da Insurreição*, na estratégia de evitar o recorte sob os mesmos pontos, a fim de possibilitar a produção de novos recortes para que as ações possam fazer diferença.

Criminologia, portanto, é ação, movimento ético[25] de produção de novas formas possíveis de resistência. E para realizar este movimento, convido você, leitor, a encarar este livro a partir de diferentes possibilidades de leitura, seja de frente para trás, da conclusão à introdução, do fim ao início, como desejar.

Embora minha escolha tenha sido iniciar exatamente a partir daqui, da introdução, do movimento abolicionista da escravatura à criminologia positivista e dessa à criminologia crítica, encerrando pela conclusão, mantendo-se, assim, as questões pré-textuais exatamente onde se encontram, a intenção é que se possa ler o escrito começando de qualquer parte, traçando novos recortes na fita de Moebius, deixando nítida, independentemente de onde se comece ou se termine, a proposta deste livro: perceber a continuidade entre colonialismo e criminologia, e, assim, abrir uma possibilidade de rompimento com esse inconsciente colonialista na busca de uma brasilidade criminológica.

---

24 MBEMBE, Achille. **Necropolítica**. Tradução de Renata Santini. São Paulo: N-1 edições, 2018, p. 29.

25 "Tal bússola [ética] orienta as ações do desejo no sentido de criação de uma diferença: uma resposta que seja capaz de produzir efetivamente um novo equilíbrio para a pulsão vital, o que depende de seu poder de atualizá-la em novas formas. Esta é a natureza do que se pode chamar de um 'acontecimento', o qual é produzido por este tipo de política do desejo: um devir da subjetividade e, indissociavelmente, do tecido relacional no qual gerou-se sua turbulência e seu ímpeto de agir". (ROLNIK, Suely. **Esferas da Insurreição**: Notas para uma vida não cafetinada. São Paulo: n-1 edições, 2018, p. 65).

A música é a língua materna de Deus
Foi isso que nem católicos nem protestantes entenderam
Que em África, os Deuses dançam
E todos cometeram o mesmo erro
Proibiram os tambores
O Sacerdote estava desde há muito tentando corrigir esse equívoco
Na verdade se não deixassem tocar os batuques
Nós os pretos
Faríamos do corpo um tambor
Ou mais grave ainda
Percutiríamos com os pés sobre a superfície da terra
E assim
Abrir-se-iam brechas no mundo inteiro

Mia Couto

O MOVIMENTO ABOLICIONISTA DA ESCRAVATURA

Quando se busca compreender a historiografia brasileira, principalmente ao abordar a escravidão e a abolição da escravatura, é possível observar que houve muitos apagamentos decorrentes da necessidade de mascarar a violência e a hierarquização racial na constituição das relações sociais no Brasil.

O objetivo do presente capítulo não é realizar uma genealogia do que significou a abolição da escravatura brasileira, tampouco realizar uma pesquisa historiográfica do tema. O que se pretende é traçar os contornos e os tons nos quais ecoou o discurso abolicionista da escravatura nos debates de alguns dos parlamentares abolicionistas responsáveis pela discussão ou pela proposta de legislação da abolição gradual da escravatura.

Ademais, é imprescindível analisar como as leis de abolição, que, em realidade, se consubstanciavam em leis de adiamento da liberdade dos escravizados, mantiveram, apesar de se dizerem abolicionistas, uma racionalidade escravocrata e de manutenção do mesmo regime.

O intuito desta pesquisa, nos dois subcapítulos que seguem, é verificar nos discursos da elite abolicionista e nos enunciados que emanam das leis de gradual abolição da escravatura, as capturas das lutas dos escravizados, a narrativa progressista, a manutenção da ordem escravocrata, bem como a ausência da denúncia do racismo que justificava esse regime. Pode-se dizer, portanto, que a luta pela abolição da escravatura foi muito pouco antirracista.

O que se propõe, na primeira parte da presente obra, é alinhavar as modulações em que se deu a abolição da escravatura para compreender como a sociedade brasileira, na construção de sua identidade nacional, projetou-se a partir de uma (re)construção histórica de abrandamento da violência, de mitos sociais que, sobretudo, impediram a autocrítica sobre suas relações e hierarquias sociais. Com isso, também se tornará possível fazer uma releitura sobre as importações criminológicas positivistas que se realizaram no Brasil, as quais não foram meros erros metodológicos ou importações alienígenas, de fora de nossa realidade, como se a criminologia positivista não tivesse terreno fértil aqui para fazer ecoar e justificar as matrizes racistas resultantes do sistema colonial. Muito antes da cientificidade dada pela criminologia positivista, o racismo já era uma realidade instaurada nas estruturas de poder brasileiras, herança de séculos de objetificação do corpo negro exercida de modo prático e discursivo no período escravocrata. Além disso, defende-se que a abolição da escravatura não rompeu com a racialização das relações de poder no Brasil, não sendo a criminologia positivista uma simples implementação do que se vinha defendendo na Europa.

O negro brasileiro não passou a ser objeto de pesquisa da criminologia por acaso. A ausência da ruptura necessária para alterar as estruturas se deu, principalmente, por todo o apagamento da luta e da história da guerra que constituiu o Brasil a partir do genocídio e do extermínio dos povos originários e da tentativa de disciplinamento do negro ao regime escravocrata.

Portanto, em um primeiro momento, o presente capítulo tem como objetivo demonstrar como o discurso da elite abolicionista e as leis abolicionistas tiveram como horizonte o controle e a manutenção da hierarquia de poder mais do que, propriamente, abolir a escravatura e todas as estruturas de poder que advinham de mais de trezentos anos de escravização, genocídio e desumanização.

O segundo momento será destinado a verificar como se deu o controle penal pós-abolição da escravatura, principalmente com as leis complementares à Lei Áurea e, em especial, com o Código Penal de 1890, que entrou em vigor dois anos após a abolição da escravatura.

"As Ferramentas do Mestre Não Vão Desmantelar a Casa Grande": O protagonismo da elite pela abolição

Inicialmente, faz-se necessário, para a construção do pensamento criminológico brasileiro, que se levantem as poeiras dos porões da história do Brasil, a fim de compreender de que maneira e em quais estruturas estão assentadas as vigas do poder punitivo e do controle social. Revisita-se, portanto, a história da abolição da escravatura, a qual, inclusive, teve sua luta subtraída pela elite na tentativa de resumir a libertação a uma discussão parlamentar e à benevolência da princesa Isabel.

No entanto, até esse "fim", muita luta se deu impulsionada por aqueles que foram isolados nos bastidores, de quem foi capturado o protagonismo. Homens e mulheres negros(as) investiram, por meio de seus corpos, na luta pela libertação do seu próprio ser, o qual foi suprimido no ritual diário de desumanização e escravização.

À época, três estilos de movimento antiescravagista foram lançados. Um deles se consubstanciava em escritos, artigos e manifestações em periódicos, jornais e livros, combinados com estratégias parlamentares, como distribuição de panfletos, boicotes, teatro e associações pela abolição, muito próximo aos modelos inglês e estadunidense. De outra parte, próprio dos franceses, havia o movimento elitizado, a partir de estratégias políticas e concessões, sem a efetiva participação popular. Ao estilo haitiano, a luta que compelia a iniciativa das demais era a luta da população escravizada.[26] Esta última era considerada uma revolução a ser evitada, uma rebelião, insurgência ilegítima, motim, que deveria ser interrompida para impedir que a libertação se desse da mesma forma que ocorreu no Haiti.

O contributo da abolição da escravatura no Brasil se dá pela abolição das correntes que prendiam corpos negros ao trabalho forçado, para transferi-los à responsabilidade pública, colocando os libertos sob custódia do Estado que, em vez de proceder com políticas públicas de inclusão, acabou por permitir que a criminalização fosse um caminho mais desejável para uma política de higienização da nação brasileira que se identificava como branca europeia, qual lhe atribuía o sinônimo de civilidade.

Depois da abolição da escravatura, com a intenção de fazer parecer ruptura, o que de fato não ocorreu, houve a tentativa de apagar séculos de desumanização e escravização a partir da queima de documentos históricos, orquestrada por Rui Barbosa[27], no intuito de colocar um fim na memória de séculos de escravidão, e, principalmente, pelo discurso amenizador da violência da colonização e da escravização a partir do mito da democracia racial.

Os discursos da elite abolicionista tinham uma inclinação maior para a pretensão de findar a economia escravocrata, tida como incivilizada frente

---

26 ALONSO, Angela. **Flores, Votos e Balas**: O movimento abolicionista brasileiro (1868-88). São Paulo: Companhia das Letras, 2015, p. 125.

27 Circular nº 29, de 13 de maio de 1891, que ordenou a queima de registros históricos do comércio de escravizados e da escravidão no Brasil, em uma tentativa de alterar a verdadeira história da nação brasileira, adjetivando a memória como "vergonhosa", sem, no entanto, romper com a linguagem de hierarquização racial, impedindo, além disso, o (re)conhecimento do extermínio colonial, falseando a construção da nação brasileira como benevolente e livre da escravidão e do racismo, a partir, inclusive, do mito da democracia racial. (NASCIMENTO, Abdias. **O genocídio do Negro Brasileiro**: Processo de um racismo mascarado. 3. ed. São Paulo: Perspectiva, 2016, p. 58.)

ao movimento iluminista da época, do que para uma ruptura com o racismo que justificou a hierarquização de raças entre os humanos, na qual o branco é colocado no topo da categoria. Essa racionalidade se manteve, tanto nos discursos abolicionistas quanto após a abolição da escravatura, na tentativa de se criar a identidade do povo brasileiro.

Dividindo-se entre dois partidos, o republicano e o liberal, a abolição da escravatura era disputada entre os parlamentares com um só objetivo: propor reformas progressistas e modernizadoras permitidas somente com a extinção da economia escravagista[28]. A modernização que pressupunha o positivismo jurídico teve entrada no Brasil por intermédio dos republicanos, que entendiam que a escravidão era anacrônica à instituição da República, assentada na ordem e progresso, destacando que a economia escravocrata proporcionava malefícios econômicos e sociais para o Brasil. A exemplo disso, Brandão Júnior, escritor da primeira obra brasileira sobre escravidão sob um viés "de cunho social"[29], que tinha influências positivistas de Auguste Conte e foi publicada em 1865, pretendia traçar elementos prejudiciais da escravidão no Brasil, sendo incompatível com a República que se avizinhava[30].

Brandão tem por objetivo demonstrar os malefícios da permanência da escravidão no Brasil e, após fazer um breve apanhado histórico sobre a "conquista", menciona, em sua tese de doutorado em Ciências Naturais na Universidade de Bruxelas o seguinte:

> Os cor de cobre desapareciam por não poderem torcer-se á escravidão, e os brancos lançaram-se as plagas Africanas, á pretexto de ensinarem á esta outra raça mais infeliz ainda, os preceitos da sua religião; e deste modo a escravatura Africana sancionava-se tambem no paiz, como uma necessidade

---

28 BAKOS, Margaret Marchiori. **Rio Grande do Sul**: A abolição da escravatura em nome da ordem e progresso. A escravidão negra na província de Goiás. Acervo Arquivo Nacional. Rio de Janeiro, v. 3. n. 1, p. 71-81, jun./jul., 1988.

29 BAKOS, Margaret Marchiori. **Rio Grande do Sul**: A abolição da escravatura em nome da ordem e progresso. A escravidão negra na província de Goiás. Acervo Arquivo Nacional. Rio de Janeiro, v. 3. n. 1, p. 71-81, jun./jul., 1988, p. 74.

30 BAKOS, Margaret Marchiori. **Rio Grande do Sul**: A abolição da escravatura em nome da ordem e progresso. A escravidão negra na província de Goiás. Acervo Arquivo Nacional. Rio de Janeiro, v. 3. n. 1, p. 71-81, jun./jul., 1988.

para a sua agricultura; e a Mai Patria legava as suas colônias uma instituição que grandes males lhes tem causado, e causará, ainda, si sabias medidas não forem tomadas á tempo![31]

Na referida tese, o autor propõe, para substituir o trabalho assentado na escravidão, a implementação do trabalho livre a partir da imigração europeia, pois defendia que os libertos "não teriam capacidade de derigirem-se por si mesmo".[32]

O conhecido abolicionista Joaquim Nabuco, no texto "O Abolicionismo", escrito em 1863, menciona logo de início, no prefácio, que estava a começar a formação de uma consciência nacional diante da necessidade da abolição da escravatura, a qual vinha sendo gradativamente implementada na legislação brasileira a partir de certo "humanismo" nacional. No texto, Nabuco refere que "a escravidão, apesar de hereditária, é uma verdadeira mancha de Caim que o Brasil traz na fronte"[33] e que deveria ser abolida, pois se "a pátria, como a mãe, quando não existe para os filhos mais infelizes, não existe para os mais dignos".[34] Ainda no escrito, Joaquim Nabuco oferece pistas sobre o novo projeto político de miscigenação, com a finalidade de embranquecer o país, ao fazer referência à necessidade de educação dos libertos com novos princípios, "à custa da nossa identidade nacional —, isto é, a transfusão do sangue puro e oxigenado de uma raça livre".[35]

Em um capítulo intitulado "O Mandato da Raça Negra", título que expressa essa captura forjada de outorga, o autor esclarece que o abolicionista é um advogado gratuito daqueles que não podem reivindicar seus direitos ou daqueles que não têm consciência deles, dizendo ser um direito de defesa

---

31 BRANDÃO JUNIOR, F. A. **A escravatura no Brazil, Precedida d'um artigo sobre agricultura e colonisação no Maranhão**. Tese (Doutorado em Ciências Naturais) – Bruxellas, Universidade de Bruxelas, 1865, p. 23.

32 BRANDÃO JUNIOR, F. A. **A escravatura no Brazil, Precedida d'um artigo sobre agricultura e colonisação no Maranhão**. Tese (Doutorado em Ciências Naturais) – Bruxellas, Universidade de Bruxelas, 1865, p. 65.

33 NABUCO, Joaquim. **O Abolicionismo**. Rio de Janeiro: BestBolso, 2010, p. 33.

34 NABUCO, Joaquim. **O Abolicionismo.** Rio de Janeiro: BestBolso, 2010, p. 33.

35 NABUCO, Joaquim. **O Abolicionismo.** Rio de Janeiro: BestBolso, 2010, p. 39.

irrenunciável, tendo em vista os mais puros sentimentos de humanidade e compaixão.[36] Em um apelo que faz apenas parecer que Joaquim Nabuco está colocando em jogo a supremacia branca e denunciando seus privilégios, o autor adverte que "não somos um povo exclusivamente branco, e não devemos, portanto, admitir essa maldição pela cor; pelo contrário, devemos tudo fazer por esquecê-la".[37]

No entanto, nessa tentativa de inclusão dos escravizados na identidade brasileira, naturalizando o trabalho forçado imposto ao corpo negro como contributo na civilização brasileira, o autor abre espaço para a narrativa do mito da democracia racial ao referir que:

> A escravidão, por felicidade nossa, não azedou nunca a alma do escravo contra o senhor — falando coletivamente — nem criou entre as duas raças o ódio recíproco que existe naturalmente entre opressores e oprimidos. Por esse motivo, o contato entre elas sempre foi isento de asperezas, fora da escravidão, e o homem de cor achou todas as avenidas abertas diante de si. Os debates da última legislatura, e o modo liberal pelo qual o Senado assentiu à elegibilidade dos libertos, isto é, ao apagamento do último vestígio de desigualdade da condição anterior, mostram que a cor no Brasil não é, como nos Estados Unidos, um preconceito social contra cuja obstinação pouco pode, o talento e o mérito de quem incorre nele.[38]

O que se pode observar no trecho é que Joaquim Nabuco defende a ideia — que depois seria trabalhada por Gilberto Freyre — de que a escravidão no Brasil foi mais branda que nos Estado Unidos, o que o leva a defender que o escravizado fosse passivo frente à violência que lhe era imposta e, em certa medida, até nega a ideia de escravidão como violência em si mesma, haja vista que pode ser amenizada a partir das relações entre os senhores e os escravizados.

Toda a narrativa histórica do fim gradual da escravatura, que se pretendeu demorada justamente para manter os privilégios da supremacia branca, deu-se sem a percepção da racionalidade e da estrutura de hierarquização

---

36 NABUCO, Joaquim. **O Abolicionismo**. Rio de Janeiro: BestBolso, 2010, p. 46.

37 NABUCO, Joaquim. **O Abolicionismo**. Rio de Janeiro: BestBolso, 2010, p. 49.

38 NABUCO, Joaquim. **O Abolicionismo**. Rio de Janeiro: BestBolso, 2010, p. 50.

racial que mantinha o regime escravocrata e que não foram enfrentadas pós-abolição da escravatura. Pelo contrário, codificado através de outros mecanismos, o racismo se manteve e se perpetua, podendo ser observado, em especial, na construção do Estado-nação brasileiro.

Os textos "Considerações e Projeto de Lei para a Emancipação dos Escravos" e o "Manifesto da Sociedade Brasileira contra a Escravidão", disponíveis na biblioteca do Senado, bem ilustram a motivação do movimento abolicionista da elite. O primeiro, de Luiz Fernando da Câmara Leal, de 1866, que tem como intuito a "Emancipação dos Escravos sem prejuízo de seus senhores, nem grave ônus para o Estado", mantém a linguagem senhoril patrimonialista sobre os corpos negros.

As "Considerações e Projeto de Lei para a Emancipação dos Escravos", na exposição dos motivos à população, menciona o seguinte:

> a passagem rápida de um ou dous milhões de indivíduos *alieni juris* para a condição de *sui juris*, seria a creação de uma enorme massa de proletarios, nocivos á ordem publica, onerosos ao Estado, e nem ha ainda no Imperio o numero de braços livres que substituam os de que se acham, na condição de escravos, ao serviço dos proprietarios e das industrias, sobretudo da agricola, principal, senão unica, fonte de renda e fortuna publicas.[39]

Percebe-se que não há nada de novo nesses discursos no que concerne à condição de propriedade atribuída ao corpo negro. Apesar de alguns trechos repudiarem essa atribuição, na tentativa de exterminá-la, a ordem discursiva se mostra inalterável nesse ponto, principalmente pelo fato de se imputar ao negro a condição de "ser" escravo, do que se depreende que não há alteração da linguagem em que se imputava ao negro a condição de coisa.

A ideia de que o branco é naturalmente livre, enquanto o trabalho escravo é somente possível e pensável se disser respeito aos corpos negros, está esboçada na necessidade de se invocar a colonização europeia para dar início a uma nova ordem de mão de obra, agora assalariada.

---

39 LEAL, Luiz Francisco da Câmara. **Considerações e Projecto de Lei para Emancipação dos Escravos**: Sem prejuízo de seus senhores, em grave ônus para o Estado. Rio de Janeiro: Biblioteca do Senado Federal, 1866, p. 15.

Por sua vez, o "Manifesto da Sociedade Brasileira contra a Escravidão", de Joaquim Nabuco, de 1880, é uma pista para compreender o que era essa "sociedade brasileira" e por qual motivo a abolição da escravatura era o caminho a ser seguido para consolidação de um País emancipado. O discurso emanado nesse documento indica o desejo do Brasil em se parecer com a sociedade estrangeira, entendida como moderna e civilizada. Nesse contexto, emergem alguns trechos que esboçam que o movimento abolicionista do partido liberal representava os "sentimentos mais elevados da comunidade brasileira" e que criaria entre os senhores e os escravizados um sentimento de mútua solidariedade e benevolência.

O texto escrito em 1880 começa direcionando o discurso ao País, no intuito de convencer a sociedade brasileira que o fim da escravatura não daria início à ruína do Brasil. Já de início, o texto refere que o medo do povo brasileiro da abolição da escravatura remete à dicotomia que "não se póde ser aos olhos deles ao mesmo tempo Brazileiro e Abolicionista".[40] Percebe-se, desde já, que há uma construção de quem seriam os brasileiros e que estes poderiam almejar a liberdade do Outro, visto que o verdadeiro brasileiro, aquele que deseja a evolução e construção de um Estado-nação independente, diante dos ideais iluministas, era tomado por um sentimento de liberdade a todos, o que não permitiria que a economia do Brasil continuasse se assentando em "escravos".

Ademais, no decorrer de todo o texto o autor se remete aos(às) negros(as) escravizados como sendo, naturalmente, não livres. A escravidão seria uma característica particular destes povos e, portanto, eles não poderiam mais ser utilizados como mão de obra para a manutenção da economia brasileira que pretendia se entender como defensora da liberdade. Haveria de se implementar o trabalho de seres originalmente livres, demonstrando a manutenção do discurso de que se deveria ensinar a liberdade ao negro.

Diante disso, verifica-se que não houve questionamento sobre o extermínio que se colocou em ação durante quase quatrocentos anos de escravização e genocídio dos povos autóctones e dos povos africanos, remetendo-se

---

40 NABUCO, Joaquim. **Manifesto da Sociedade Brasileira contra a Escravidão.** Rio de Janeiro, 1880, p. 3.

ao período apenas como ultrapassado e impeditivo da evolução dos brancos brasileiros que não poderiam ter sua benevolência atravessada pela barbárie de se utilizar do trabalho de outros povos, categorizados como selvagens não evoluídos e não naturalmente livres. Para a elite abolicionista, somente o branco poderia conceder-lhes e ensinar-lhes a liberdade.

No mesmo sentido as leis de abolição gradual da escravatura bem elucidam o projeto dos brancos à liberdade dos escravizados, sob um discurso de eliminação e de categorizações não diferentes daquelas que legitimaram, legalmente e discursivamente, a escravização. Alguns exemplos são encontrados no texto mencionado: "O Brazil precisa tambem eliminar o seo primeiro elemento constitutivo — o escravo. Elle quer ser uma grande nação, e não como o querem, uma grande senzala".[41] Veja-se a quem se destinava o discurso abolicionista, quem era convidado a participar do manifesto, da luta, do compartilhamento dos "mais puros" sentimentos de benevolência e inspirados pelos ideais de liberdade:

> Nenhuns sócios serão melhor acolhidos por nós do que os proprietários agricolas, que nobre e corajosamente quiserem encarar a Emancipação como uma solução próxima e inevitavel, e que, em vez de oporem-se á ella, se prestarem a auxilial-a e dirigil-a. O futuro dos escravos depende em grande parte dos seos senhores; a nossa propaganda não póde ser consequencia tender a crear entre senhores e escravos senão sentimento de benevolencia e de solidariedade.[42]

A mesma modalidade discursiva é encontrada na manifestação escrita em 1866, "Considerações e Projecto de Lei para a Emancipação dos Escravos: Sem prejuizo de seus senhores, nem grave onus para o Estado", escrito pelo juiz de direito Luiz Francisco da Câmara Leal. O projeto demonstra que a abolição era inevitável frente às mudanças mundiais, principalmente a partir das imposições da Inglaterra quanto ao fim do tráfico de pessoas usurpadas do continente africano.

---

41 NABUCO, Joaquim. **Manifesto da Sociedade Brasileira contra a Escravidão.** Rio de Janeiro: 1880, p. 7.

42 NABUCO, Joaquim. **Manifesto da Sociedade Brasileira contra a Escravidão.** Rio de Janeiro: 1880, p. 12.

Mudanças mundiais estas que não alteraram a condição dos escravizados, apesar dos gritos dos liberais pela liberdade. Nesse aspecto, Domenico Losurdo aponta a ironia da Inglaterra que, enquanto condenava o tráfico de escravizados nas Américas, o comércio e a exploração de corpos negros não se limitavam às colônias:

> Os abolicionistas ingleses se horrorizavam frente ao mercado de carne humana nas colônias americanas e em Nova York? Em Liverpool, em 1766, era colocados à venda onze escravos negros, e o mercado de "gado negro" em Dublin mantinha-se ainda aberto doze anos depois, regularmente divulgado pela imprensa local.[43]

Apesar disso, em muitos dos trechos dos discursos abolicionistas, os parlamentares se reportavam ao progresso inglês, aos iluminados pela liberdade que, com seu império expansionista, tanto territorial quanto comercial, iniciaram o maior dos holocaustos e extermínios, conectando os dois lados do atlântico pela experiência genocida e tendo como alvo os povos originários das Américas e os africanos.[44]

O discurso que germinava nesse abolicionismo branco, portanto, foi precedido pela própria legitimação da escravidão, pois é "no âmbito dessa celebração da liberdade *[que]* se abrem fendas assustadoras, pelas quais passa na realidade a legitimação da escravidão nas colônias".[45] O que se vê, portanto, é a mesma linguagem imperialista colonial a embasar a abolição gradual da escravatura no Brasil, possibilitando que nada se altere no cenário brasileiro quanto às relações sociais hierarquizadas no racismo, mediante a ideia de superioridade branca e a necessidade de se manter, por outros meios, a retórica do Outro selvagem.

Veja-se que, mesmo antes da comercialização de corpos negros para trabalhar nas colônias, os brancos empobrecidos realizavam contrato de

43 LOSURDO, Domenico. **Contra-História do Liberalismo**. São Paulo: Ideias & Letras, 2006, p. 25.

44 LOSURDO, Domenico. **Contra-História do Liberalismo**. São Paulo: Ideias & Letras, 2006, p. 32.

45 LOSURDO, Domenico. **Contra-História do Liberalismo**. São Paulo: Ideias & Letras, 2006, p. 35.

serviço temporário em troca de uma passagem para as colônias, quando eram, então, chamados de *indentured servants*.[46] Apesar das condições de trabalho impostas a estes homens brancos, servos nas colônias, há uma diferença fulcral entre esses *servants* e os *slaves*. O fato de a servidão ser imposta mediante uma relação contratual, ainda que precária e condicionada às condições econômicas, demonstra que ao branco era atribuído certo grau de liberdade do homem servo branco em relação ao *slave*, o escravizado, corporificado no negro, que não era concebido como humano para realizar qualquer tipo de relação contratual.

Essa perspectiva demonstra, dentro do pensamento liberal, personificado na figura do contrato social, que a igualdade era limitada e circunscrita a um ideal de humano, o branco, naturalmente livre. Enquanto isso, nessa construção imaginária da branquidade, o corpo preto estava fora deste corpo social e, portanto, fora do contrato social. Nesse sentido, defende-se aqui que a escravidão não era incompatível com o discurso liberal, muito pelo contrário, a economia escravocrata também fazia parte desse movimento, fosse pelo discurso, fosse por via econômica. Isso porque a colonização é, precipuamente, feita do capital comercial,[47] para a qual homem negro acabou por tornar-se, além de mão de obra, também corpo-mercadoria.

Nenhum sentimento humanitário emerge dos escritos, nem das leis abolicionistas. A branquidade[48], a qual será abordada oportunamente no segundo capítulo, quando será tratada a questão criminológica, apropriou-se

46 WILLIAMS, Eric. **Capitalismo e Escravidão**. Tradução de Carlos Nayfeld. Rio de Janeiro: América, 1975, p. 14.

47 SCHWARZ, Roberto. **Ao Vencedor as Batatas**: Forma literária e processo social nos inícios do romance brasileiro. 6 ed. São Paulo: Editora 34, 2012, p. 17.

48 A perspectiva adotada é a mesma de Edith Pisa, que define a branquidade como "uma identidade social e cultural não demarcada racialmente e voltada para os valores do seu grupo racial, geralmente associados a traços de racismo". Para a autora, a branquidade apresenta três aspectos: i) representa uma situação de vantagem estrutural de privilégios raciais; ii) posição em que o branco observa o outro e a sociedade e iii) representa um conjunto de práticas culturais que frequentemente não são nominadas. Nesse aspecto, a branquidade é "um processo de acumulação de vazios e silêncios sobre o outro". (PIZA, Edith. Adolescência e Racismo: Uma breve reflexão. **An. 1º Simpósio Internacional do Adolescente**.

do discurso abolicionista e acabou por manter a racionalidade hierarquizante de dominação dos mesmos corpos. No entanto, mesmo após a abolição da escravatura e a mudança do regime de trabalho, houve continuidade das políticas de extermínio dessa mão de obra não mais necessária e, agora, excedente, as quais foram impulsionadas pelo Estado.

Não só dos discursos emanam a manutenção do controle sobre o corpo negro no processo de abolição gradual da escravatura, como também das próprias leis abolicionistas que, ao passo que concediam a liberdade adiada dos escravizados, impunham normas de controle populacional, de liberdade condicionada ao trabalho e criminalizadoras da revolta, sempre no intuito de manterem a ordem escravocrata travestida de ares abolicionistas e de progresso.

A Lei nº 581/1850, chamada de "Lei Eusébio de Queirós", que definia o fim, apenas legal, do tráfico de pessoas da África, trazia em seu escopo a manutenção da dominação destes corpos ainda sob o regime de escravização, mesmo que trazidos ao Brasil clandestinamente, ao estabelecer que os trazidos da África, após a proibição legal, seriam empregados em trabalhos sob a tutela do Governo brasileiro. O art. 6º da referida lei estipula o seguinte:

> Art. 6º. Todos os escravos que forem apprehendidos serão reexportados por conta .... para os portos donde tiverem vindo, ou para qualquer outro ponto fóra do Imperio, que mais conveniente parecer ao Governo; e em quanto essa reexportação se não verificar, serão empregados em trabalho debaixo da tutela do Governo, não sendo em caso algum concedidos os seus serviços a particulares.[49]

Evidentemente, a maioria dessas pessoas não teria como retornar à sua terra, justamente porque eram de lá retiradas à força, extorquidas, desapropriadas e não sem luta e resistência, sendo que muitas não tinham para quem e para onde retornar, muito menos condições financeiras para voltar

---

Maio 2005. Disponível em: http://www.proceedings.scielo.br/scielo.php?pid=MSC0000000082005000100022&script=sci_arttext Acesso em: 07 out. 2019.)

49 BRASIL. Lei nº 581, de 4 de setembro de 1850. Estabelece medidas para repressão do tráfico de africanos no Império. Disponível em: http://www.planalto.gov.br/ccivil_03/leis/lim/LIM581.htm. Acesso em 05 fev. 2021.

para onde foram sequestradas, pois tudo lhes foi roubado. Sabendo dessa realidade, a lei permitiu que essas pessoas, trazidas fora dos ditames anteriormente legais, fossem escravizadas ou colocadas em condições similares às da escravidão pelo próprio governo brasileiro. Ou seja, além de não pôr fim ao tráfico de pessoas, pois o Estado fazia vistas grossas às embarcações clandestinas, ainda que capturadas, não punha fim à racionalidade da perpetuação do regime, visto que essas pessoas eram obrigadas a trabalhar para o governo brasileiro.

Essa circunstância apenas demonstra que as leis não pretendiam romper com as estruturas de poder racializadas, porque ao negro era imputada a condição de escravo, para além da condição de escravizável.

Em meio a esses debates, a partir da Guerra do Paraguai e da necessidade de aumentar o corpo do Exército Imperial, começou-se a pensar na possibilidade de escravizados incorporarem o exército diante da promessa de liberdade. O Decreto-Lei nº 3.371 de 07 de janeiro de 1865, que criava suporte para o aumento de homens a serviço da guerra, o chamado "Voluntários da Pátria", deu abertura para a criação do Decreto-Lei nº 3.725-A, que concedia aos escravizados e às suas esposas escravizadas a liberdade quando designados ao serviço do exército, estabelecendo o seguinte:

> Hei por bem Ordenar que aos escravos da Nação que estiverem nas condições de servir no exercito se dê gratuitamente liberdade para se empregarem naquelle serviço; e, sendo casados, estenda-se o mesmo beneficio ás suas mulheres.[50]

Nesse contexto, muitos senhores vendiam seus homens escravizados para servirem à guerra, para serem mortos no seu lugar ou no lugar de seus filhos, mediante indenização paga pelo Estado que, ao libertá-los, entendia que "um voluntário da pátria não poderia ser escravo".[51]

---

50 BRASIL, Lei nº 3.725-A, de 6 de novembro de 1866. Concede liberdade gratuita aos escravizados da Nação designados para o serviço do exército. Disponível em: https://www2.camara.leg.br/legin/fed/decret/1824-1899/decreto-3725-a-6--novembro-1866-554505-publicacaooriginal-73127-pe.html. Acesso em: 05 fev. 2021.

51 COSTA, Emília Viotti da. **A Abolição**. 9 ed. São Paulo: UNESP, 2010, p. 48.

Pode-se pressupor que os escravizados que estavam sob serviço do governo brasileiro por motivo do tráfico ilegal, os chamados "escravos da nação", também foram encaminhados, mais que involuntariamente, para a guerra do Paraguai para lutar por uma Pátria que nunca foi sua. Ainda, é evidente que a voluntariedade daquele que se "encaminhava gratuitamente" para o front é altamente questionável, pois não existe voluntariedade daquele que, para se ver livre da condição que lhe era imposta, preferia expor sua vida à morte. Além disso, ser escravizado já era, por si só, expor a vida à morte: morte do corpo, morte política, morte de subjetividade.

A Lei nº 2.040/1871, conhecida como "Lei do Ventre Livre", que estabelecia que os filhos das mulheres escravizadas nascidos após a publicação da lei seriam considerados livres, bem como versava sobre a criação desses filhos menores e a libertação anual de escravizados, escancara, ainda mais, a condição de propriedade atribuída, em especial, à mulher negra e escravizada, em que ela e seu filho eram tratados como bens a serem negociados frente a uma futura e inevitável abolição da escravatura.

Na referida lei, o escravizado ficaria em poder do senhor até os oito anos de idade, quando poderia o senhor optar por uma indenização ou permanecer explorando seu trabalho até que o escravizado completasse vinte e um anos. Os menores eram, em realidade, cedidos ao Estado mediante prévia indenização e ficavam sob tutela do governo, prestando serviço gratuitamente, podendo, ainda, ser alugados por particulares que pagariam seus serviços ao governo. Ao final do serviço alugado, o Estado deveria determinar um local "apropriado" para realocar esses menores.[52]

A Lei do Ventre Livre também era destinada a estabelecer a abolição gradual da escravatura a partir do seu art. 3º, estabelecendo que seriam

52 O art. 2º da Lei nº 2.040/1871, chamada "Lei do Ventre Livre", previa que os menores escravizados nascidos após a referida Lei e cedidos, abandonados ou tirados do poder dos senhores, seriam destinados a associações estatais que colocariam o menor para trabalhar gratuitamente pelo Estado, ou o governo poderia alugar seus serviços a particulares, mantendo, portanto, o status quo. Percebe-se que, em realidade, a gradual abolição da escravatura pretendia retirar o poder dos particulares sobre os escravizados, tornando-os escravizados pela Nação. (Disponível em: http://www.planalto.gov.br/ccivil_03/leis/lim/LIM2040.htm. Acesso em: 05 fev. 2021.)

anualmente libertados quantos escravizados pudessem dentro da quota disponível no fundo de emancipação. Também era previsto que o escravizado comprasse sua liberdade por meio da chamada "alforria", que nada mais era que a indenização paga pelo próprio escravizado ao "seu senhor", cujo valor era estipulado por acordo ou por arbitramento.

O principal meio de se conseguir o valor estipulado para a liberdade era através do aluguel do trabalho, mediante autorização do "proprietário" do corpo negro. Além disso, a abolição gradual estaria garantida, impedindo que se desse imediatamente ou que grande número de escravizados fosse colocado em liberdade, visto que dependia de associações reguladoras e fiscalizadoras que continuassem gestando o trabalho do cativo, que apenas ostentaria o status de "liberto" sem o ser, conforme exigia o art. 5º da Lei nº 7.040/1871.

A gestão populacional também começa a ser feita diante da obrigatoriedade dos proprietários de registrarem os escravizados, declarando o nome, sexo, estado civil, aptidão para o trabalho, filiação, quando conhecida, registro de nascimento e de óbito.[53] O art. 8º da lei, ora em questão, pretendia classificar essas pessoas para estabelecer a preferência quanto àqueles que seriam libertados, bem como para ter ciência de quantos escravizados havia no governo. Além disso, os libertos pela própria lei, os filhos das escravizadas, também

---

53 Aqui dá-se a pista de que a colônia, a experiência da escravidão, pode ser denominada como primeiro campo biopolítico — a partir do olhar do colonizador. Para essa inferência, busca-se a compreensão de Foucault sobre a nova tecnologia de poder instituída no final do século XVIII, desse poder sobre o homem-espécie, sobre o biológico: "De que se trata nessa nova tecnologia do poder, nessa biopolítica, nesse biopoder que está se instalando? Eu lhes dizia em duas palavras agora há pouco: trata-se de um conjunto de processos como a proporção dos nascimentos e dos óbitos, a taxa de reprodução, a fecundidade de uma população, etc. São esses processos de natalidade, de mortalidade, de longevidade que, justamente na segunda metade do século XVIII, juntamente com uma porção de problemas econômicos e políticos (os quais não retomo agora), constituíram, acho eu, os primeiros objetos de saber e os primeiros alvos de controle dessa biopolítica." (FOUCAULT, Michel. **Em Defesa da Sociedade**: Curso no Collège de France (1975 – 1976). Tradução de Maria Ermantina Galvão. 2 ed. São Paulo: Martins Fontes, 2010, p. 204).

deveriam ser registrados em livros distintos no Juízo de Órfãos, bem como os escravizados libertos por indenização também deveriam ser matriculados, registrando o preço de sua liberdade e a cláusula de prestação de serviço.

Para a execução da Lei do Ventre Livre e gradual abolição da escravatura, foi criado o regulamento da matrícula dos escravizados, pro meio do Decreto nº 4.835 de 1º de dezembro de 1871. Verifica-se, a partir da leitura dos dispositivos, que, além do objetivo de controle populacional, as matrículas eram nada mais do que exigências formais para contratação do trabalho, agora alugado, do(a) negro(a). O art. 35 impunha, inclusive, multas àqueles que não procedessem na matrícula dos escravizados ou dos libertos:

> **Art. 35.** A pessoa que celebrar qualquer contracto dos mencionados no art. 45, sem exhibir as relações ou certidões das respectivas matriculas; a que aceitar as estipulações dos ditos contractos sem exigir a apresentação de algum desses documentos; a que não communicar á estação competente a mudança de residencia para fóra do município, transferencia de dominio ou o fallecimento de escravos, ou de menores livres nascidos de mulher escrava, conforme prescreve este regulamento; o official publico que lavrar termo, auto ou escriptura de transferencia de domínio ou de penhor, hypotheca ou de serviço de escravos, sem as formalidades prescriptas no citado art. 45; o que der passaporte a escravos, sem exigir a apresentação das relações ou certidões de matricula; e o que não participar aos funccionarios incumbidos da matricula as manumissões que houver lançado nas suas notas, incorrerão na multa de 10$000 a 50$000.[54]

> **Art. 45. Depois do dia 30 de Semtembro de 1872 não se lavrará escriptura de contracto de alienação, transmissão, penhor, hypotheca ou serviço de escravos sem que ao official publico, que tiver de lavrar a escriptura, sejam presentes as relações das matriculas ou certidão dellas**, devendo ser incluidas no instrumento os numeros de ordem dos matriculados, a data e o municipio em que se fez a matricula, assim como os nomes e mais declarações dos filhos

54 Lei nº 2.040, de 28 de setembro de 1871. Declara de condição livre os filhos de mulheres escravizadas que nascerem desde a data da lei, libertos os escravizados da Nação e outros, e discorre sobre a criação e tratamento daqueles filhos menores e sobre a libertação anual de escravizados. (Disponível em: http://www.planalto.gov.br/ccivil_03/leis/lim/LIM2040.htm. Acesso em: 05 fev. 2021.)

> livres de mulheres escravas, que as acompanharem, nos termos do art. 1º, §§ 5º e 7º da Lei nº 2.040 de 28 de Setembro do corrente anno.[55] (Grifo nosso.)

Ainda, a matrícula permitia controlar a ordem de preferência daqueles que seriam libertos. O Decreto nº 5.135, de 13 de novembro de 1872 já previa, em seu art. 32, § 2º, inc. II, que os escravizados que seriam preteridos na ordem de emancipação seguiriam a seguinte classificação:

> I. Os indiciados nos crimes mencionados na lei de 10 de Junho de 1835;
> II. Os pronunciados em summario de culpa;
> III. Os condemnados;
> IV. Os fugidos ou que o houverem estado nos seis mezes anteriores á reunião da junta;
> V. Os habituados á embriaguez.[56]

O inciso I indica que a Lei visava punir as lutas, mantendo a condição do negro escravizado. Ou seja, enquanto a elite estava capturando o protagonismo da luta abolicionista, permitida somente através do discurso institucionalizado, ao movimento abolicionista dos escravizados eram previstas as punições elencadas na Lei nº 4 de 10 de junho de 1835, colocando-os no final da fila da emancipação. A Lei referida no inciso I previa punição, valendo a vida do escravizado, mediante um tribunal do júri, daquele que atentava contra a vida do seu algoz ou que lutasse por sua liberdade, compreendendo a luta dos escravizados como insurreições[57] criminalizadas.

---

55 Lei nº 2.040, de 28 de setembro de 1871. Declara de condição livre os filhos de mulher escravizadas que nascerem desde a data da lei, libertos os escravizados da Nação e outros, e discorre sobre a criação e tratamento daqueles filhos menores e sobre a libertação anual de escravizados. (Disponível em: http://www.planalto.gov.br/ccivil_03/leis/lim/LIM2040.htm. Acesso em: 05 fev. 2021.)

56 Decreto nº 5.135, de 13 de Novembro de 1872. Aprova o regulamento geral para execução da Lei nº 2040 de 28 de Setembro de 1871. (Disponível em: https://www2.camara.leg.br/legin/fed/decret/1824-1899/decreto-5135-13-novembro-1872-551577-publicacaooriginal-68112-pe.html. Acesso em: 05 fev. 2020.)

57 Lei nº 4, de 10 de junho de 1835. Determina as penas com que devem ser punidos os escravizados, art. 2º. (Disponível em: http://www.planalto.gov.br/ccivil_03/leis/lim/LIM4.htm. Acesso em: 05. Fev. 2021.)

O dispositivo, na parte que previa a pena por açoite, foi revogado pela Lei nº 3.310, de 15 de outubro de 1886, que determinava que os escravizados seriam submetidos ao Código Criminal do Império, exceto aquelas previstas como sendo pena de degredo, desterro ou multa, as quais seriam substituídas pela pena de prisão[58]. Ou seja, as penas de banimento, deportação ou multa seriam automaticamente substituídas pela privação da liberdade em caso do réu ser considerado "escravo". Inicia-se, portanto, o depósito de cativos e ex-cativos capturados pelo sistema penal.

Não há intenção de se fazer, por ora, um marco epistemológico do início da seletividade penal no Brasil, orientada pelo dispositivo racial. Sabe-se que, mesmo antes da publicação da referida Lei, muitos escravizados e libertos recaíam nas malhas punitivas do Estado. O que se quer dizer, no entanto, é que há o começo de uma racionalidade em que, para além da punição das lutas, os negros, maioria na nação, teriam seu lugar no Brasil estabelecido. Se seu trabalho não poderia ser considerado livre, se não saberiam lidar com a liberdade, como visto nos discursos elitistas em favor do abolicionismo, novas formas de controle deveriam incidir sobre seus corpos.

Em continuação ao projeto abolicionista da elite, a Lei dos Sexagenários, chamada de Lei Saraiva de Cotagipe, de 28 de setembro de 1885, que na epígrafe estabelecia a abolição gradual "do elemento servil", mantinha, escancaradamente, a coisificação[59] do corpo negro, prevendo preços, novas

58 Lei nº 3.310, de 15 de outubro de 1886. Revoga o art. 6 do Código Criminal e a Lei nº 4 de 10 de junho de 1835, na parte em que impõe a pena de açoites, art. 1º. (Disponível em: http://www.planalto.gov.br/ccivil_03/leis/lim/LIM3310.htm. Acesso em: 05 fev. 2021.)

59 Aqui o termo não é adotado no sentido de afirmar que a subjetividade se transformava em coisa diante de um movimento entre poder e passividade do escravizado. Pelo contrário, não há questionamentos sobre a humanidade. Fazê-lo ou reafirmar o argumento de que o escravizado era, também e por óbvio, humano, é pouco antirracista, visto que essa narrativa parece tentar justificar a existência de humanidade do negro, o que certamente não se faz necessário. Gorender menciona que essa perspectiva abolicionista de apontar a humanidade do escravizado, na tentativa de se parecer benevolente ao conceder humanidade ao outro, foi defendida por parte da historiografia brasileira em que, segundo ele, possuía o seguinte tom: "o escravo não era coisa, mas ser humano levemente limitado

matrículas e regulando novas formas de acrescer o fundo de emancipação para as indenizações a serem pagas aos algozes dos escravizados.

Além disso, dava início à política de embranquecimento do país a partir do impulsionamento da imigração europeia para implementação do trabalho livre. Segundo Evandro Piza Duarte, a Lei dos Sexagenários:

> vinculava de forma estreita o processo de abolição do trabalho escravo negro com a política de imigração de mão de obra branca. Nas entrelinhas da Lei de 1885, estava a perspectiva de embranquecer a população brasileira. Nesse sentido, criava-se a taxa adicional de 5%, que incidia sobre todos os impostos gerais, à exceção ao de exportação (art. 2º), cuja terça parte seria 'destinada a subvencionar a colonização por meio de transporte de colonos que foram efetivamente colocados em estabelecimentos agrícolas de qualquer natureza' (art. 2º, §3º).[60]

Há também previsão de que o liberto fixasse domicílio, devendo avisar as autoridades onde se instalaria, além da regulação de serviços obrigatórios, potencializando a falácia da abolição. O art. 3º da Lei nº 3.270/1885, previa que:

> § 14. E› domicilio obrigado por tempo de cinco annos, contados da data da libertação do liberto pelo fundo de emancipação, o municipio onde tiver sido alforriado, excepto o das capitaes.
> § 15. O que se ausentar de seu **domicilio será considerado vagabundo e apprehendido pela Policia para ser empregado em trabalhos publicos ou colonias agricolas.**

---

por um estatuto social inferior. Tem espaço para se manifestar como agente do ambiente em que convive com os senhores. Não havia razão para muita queixa do destino que lhe coube. Admirável mundo velho" (GORENDER, Jacob. **A Escravidão Reabilitada.** São Paulo: Expressão Popular, 2016, p. 39). A perspectiva adotada, aqui, ao se falar de coisificação, é a social, a qual pressupunha a violência, o discurso desumanizador. Não se trata de defender a tese de que essa coisificação era interiorizada pela subjetividade do escravizado o tornando, de fato, coisa, ou passivo/permissivo a essa condição.

60 DUARTE, Evandro Piza. **Criminologia e Racismo.** 2 ed. Curitiba: Juruá, 2017, p. 183.

§ 16. O Juiz de Orphãos poderá permittir a mudança do liberto no caso de molestia ou por outro motivo attendivel, si o mesmo liberto tiver bom procedimento e declarar o logar para onde pretende transferir seu domicilio.
§ 17. Qualquer liberto encontrado sem occupação **será obrigado a empregar-se ou a contratar seus serviços no prazo que lhe fôr marcado pela Policia.**
§ 18. Terminado o prazo, sem que o liberto mostre ter cumprido a determinação da Policia, será por esta enviado ao Juiz de Orphãos, **que o constrangerá a celebrar contrato de locação de serviços, sob pena de 15 dias de prisão com trabalho e de ser enviado para alguma colonia agricola no caso de reincidencia.**[61] (Grifos nossos.)

O negro passa a não mais ter o corpo gestado pelo particular, sendo agora tutelado pelo poder punitivo. O enquadramento de "vagabundo" empregado pela Lei, para além de outras problematizações, refere-se aos ex-escravizados aos quais o Estado não destinava ocupação, ou àqueles que, por resistência, fugiam do regime que novamente lhes impunham, disfarçado de libertação. Ou seja, seu trabalho não era livre, era locado, compulsório, ainda escravo. Isso quer dizer que, ainda pior do que muitos acreditam, que a vadiagem se dava quando o ex-cativo, por escolha, não se realocava em um trabalho assalariado, em verdade, ocorria quando o ex-escravizado não estava submetido a serviço locado e compulsório, seja a particulares ou ao próprio Estado, como previsto em lei. Em resumo, sua liberdade o colocava, por si só, sob tutela do poder punitivo, sendo ainda as referidas colônias agrícolas regidas por disciplina militarizada, segundo previsto no art. 4ª, §5º da Lei dos Sexagenários.

Evandro Piza esclarece a questão ao referir que "a fórmula da abolição era, para o liberto, a contratação obrigatória de seus serviços (neste caso, estrategicamente a lei postergava a regulamentação da relação de trabalho), a internação em colônias agrícolas ou ocupação em obras públicas e, por fim, a prisão".[62]

---

61 Lei nº 3.270, de 28 de Setembro de 1885. Regula a extinção gradual da escravatura. (Disponível em: http://www.planalto.gov.br/ccivil_03/leis/lim/LIM3270.htm Acesso em: 05 fev. 2021.)

62 DUARTE, Evandro Piza. **Criminologia e Racismo**. 2 ed. Curitiba: Juruá, 2017, p. 185.

Essas colônias, entendidas como uma espécie de campo de concentração militar para onde eram levados os libertos "desocupados", a fim de que se ocupassem com trabalho compulsório — mantendo, portanto, a mesma lógica escravocrata — foram utilizadas para gerir o espaço urbano, o que significava "exercer um controle cotidiano sobre os 'ajuntamentos de negros libertos' e, quando necessário, dispersá-los, como no caso das 'fronteiras agrícolas', no interior do território".[63]

Ademais, há pouca diferença entre o discurso dos parlamentares que ainda defendiam a manutenção da ordem escravocrata em comparação com o discurso abolicionista da escravatura que aqui se analisa, haja vista que, sendo os dois liberais por excelência — a ser mais bem explicado no decorrer do texto — tinham como principal objetivo o progresso da sociedade brasileira: uma travestida de segurança da ordem econômica, outra mascarada por uma linguagem mais humanitária (linguagem essa falada pelo branco, a partir do *próprio* ideal de humano). Essa análise pôde ser percebida nos três dias de debate entre escravagistas e abolicionistas sobre a aprovação da Lei Áurea, aprovada em 10 de maio de 1888 e sancionada pela princesa Isabel em 13 de maio de 1888.

Na sessão de 8 de maio de 1888, Joaquim Nabuco propõe ao presidente da Câmara dos Deputados que nomeasse uma comissão especial de cinco membros para dar o parecer sobre "a proposta do Poder Executivo que extingue o elemento servil".[64] Aceita a proposta, formou-se a comissão especial composta por Duarte de Azevedo (relator), Joaquim Nabuco, Gonçalves Ferreira, Affonso Celso Junior e Alfredo Corrêa.

Em uma das sessões, o deputado Lourenço de Albuquerque, favorável à imediata abolição da escravatura, mas outrora defensor da manutenção da escravidão, profere um discurso justificando o motivo pelo qual foi escravagista, sustentando que, no momento, a abolição da escravatura era um fato natural e irreversível, e que sempre esteve a favor da produção e da nação

---

63 DUARTE, Evandro Piza. **Criminologia e Racismo**. 2 ed. Curitiba: Juruá, 2017, p. 186.

64 RODRIGO SILVA, São Paulo (Rodrigo Augusto da Silva, Ministro da Agricultura). Sessão 08.05.1888. ACD 08.05.1888, pp. 42-43.

brasileira. Temia, no entanto, que o fim da escravidão no Brasil significasse a ruína do país:

> Prevejo alguns males, e peço a Deus das infinitas misericórdias que se amerceia de nós, em attenção de boas intenções com que a nação brasileira procede no passo muito grave que vae dar; que dê a nosso solo maior fertilidade; que nos inspire a todos coragem, resignação e amor ao trabalho, para que não se possa dizer um dia que o resultado da abolição foi a miséria publica e particular.[65]

Após a fala do referido deputado, o documento aponta que os demais apoiaram a fala de Lourenço de Albuquerque.

O que se verifica e se defende no presente trabalho é que a fala dos conservadores da antiga ordem e dos abolicionistas, dentro dessa elite brasileira parlamentar, se confundem e, por vezes, se equiparam. Não havia um embate direto de ideias, de discordâncias inconciliáveis, mas de objetivos comuns, de progresso e liberais. A semântica era sempre a dicotomia entre o atraso do Brasil — e a manutenção desse atraso com a permanência da escravidão — e a comparação com os países ditos mais avançados,[66] precisamente os da Europa e os Estados Unidos. Essa ideia foi bem ilustrada nas discussões da Lei Áurea:

> Apello para o exemplo de todos os paízes; para o exemplo da França, da Inglaterra, da Hollanda e da Hespanha. O que ali vimos? São nações muito civilisadas, muito adiantadas a todos os respeitos; entretanto si os poderes publicos não tivessem intervindo, a escravidão ainda subsistiria em suas colonias.[67]

Veja-se que a Lei nº 3.353, de 13 de maio de 1888, declarou extinta a escravidão no Brasil em um artigo, sendo que se inicia o controle da

---

65 LOURENÇO ALBUQUERQUE, Alagoas (Lourenço Cavalcanti de Albuquerque). Sessão 10.05.1888 / ACD 09.05.1888, p. 64-65.

66 BOSI, Alfredo. **Dialética da Colonização**. São Paulo: Companhia das Letras, 1992, p. 230.

67 LOURENÇO ALBUQUERQUE, Alagoas (Lourenço Cavalcanti de Albuquerque). Sessão 10.05.1888 / ACD 09.05.1888, p. 64.

população negra, o qual já estava em andamento, mediante outros mecanismos de controle, principalmente orquestrado pelo Código Penal de 1890, em vigor dois anos após a abolição da escravatura. Enquanto a Lei Áurea não trouxe em seu arcabouço nenhuma reparação aos libertos, extinguindo de pronto a escravidão sem qualquer indenização ou política pública capaz de amenizar, ou ao menos de memorar a construção de uma nação sustentada sob o genocídio e escravização, ainda abriu caminho para que outros saberes pudessem legitimar e justificar o controle sobre os negros recém-libertos.

O elitizado movimento abolicionista da escravatura não se restringiu às discussões parlamentares. A imprensa foi meio de disseminação da discussão entre a sociedade brasileira em busca de apoiadores. Essa situação é ilustrada por uma coletânea de artigos de José do Patrocínio — abolicionista e fundador, junto a Joaquim Nabuco, da Sociedade Brasileira Contra a Escravidão — em que se reúnem diversos artigos sobre a emancipação da escravatura entre os anos de 1880 e 1888 produzidos nos jornais *Gazeta de Notícias* e *Gazeta da Tarde*, nos quais o autor tornava públicas as discussões e motivações abolicionistas e as intenções parlamentares. Nos textos, Joaquim Nabuco expressa que a luta abolicionista não deveria se dar na forma como os senhores de engenho queriam, mas que deveria ser um movimento dos parlamentares, mantendo a ideia de que a luta pela libertação não se dava e nem deveria se dar pelos escravizados, que eram excluídos do protagonismo. Dito isso, Nabuco parece fazer uma espécie de cálculo que justificaria a necessidade da abolição da escravatura, tendo em vista que a diminuição da produção seria compensada com a diminuição dos gastos com o fim do sistema de trabalho escravo.[68]

Os discursos acima analisados demonstravam como o escravizado e os corpos sempre racializados, os negros, estiveram forçadamente fora dos palcos da abolição da escravatura, que somente ocorreu por justificativas econômicas, por pretensões de progresso nacional e econômico, na tentativa de forjar a realidade em que se construiu a sociedade brasileira.

Nessa conjuntura de projeção gradual da liberdade do Outro, enquanto criminalizava a luta pela libertação, vem à tona a pergunta elaborada por

---

68 PATROCÍNIO, José. **A Campanha Abolicionista**. Rio de Janeiro: Obliq Clássicos, 2013.

Spivak, "pode o subalterno falar?".[69] De todos os lados dos quais o discurso da elite emanava, o negro nunca era colocado como sujeito dessa libertação. A retórica reduzia o negro à condição de escravo, tendo em vista que as discussões sobre o escravismo se limitavam à sua matriz econômica, sem menção à racialização característica da escravidão moderna. Nesse aspecto, o discurso que ressoava dos projetos de abolição gradual da escravatura ou, melhor, dessa "liberdade incessantemente adiada",[70] nunca foi *do* e *para* o negro, mas sim da branquidade e para a manutenção de sua brancura, sobre a qual se arquitetava, por meio da legislação abolicionista, o passado, presente e futuro deste Outro escravizado, de resistência criminalizada e calado dentro do movimento abolicionista. Pôde o negro falar sobre essa máscara que lhe fez corpo escravizável, sobre o imaginário e a linguagem colonial, a fim de ultrapassar esse véu que encobria o Brasil desde a Conquista, rompendo com as estruturas racializadas em busca de um projeto de libertação? Certamente não pelas ferramentas do "mestre".

É por esse motivo que o subtítulo deste capítulo se remete ao texto lido em uma conferência por Audre Lorde, em 1979, que, ao abordar o feminismo negro e a necessidade de lidar com as diferenças entre existências, experiências e subjetividades, muito se aproxima da análise discursiva que se fez neste subcapítulo quando se utiliza das ferramentas de dominação para impulsionar mudanças para que tudo fique como está. Em uma passagem, a autora refere que "as ferramentas do senhor nunca vão desmantelar a casa-grande. Elas podem nos permitir temporariamente vencê-lo no seu próprio jogo, mas elas nunca nos permitirão trazer à tona mudança genuína".[71]

A branquidade, que dizia sonhar dar voz àqueles que julgavam não a ter, ignorando e criminalizando todas as manifestações de resistência desde que

---

69 SPIVAK, Gayatri Chakravorty. **Pode o Subalterno Falar?** Belo Horizonte: UFMG, 2018.

70 MBEMBE, Achille. **Sair da Grande Noite**: Ensaio sobre a África descolonizada. Petrópolis: Vozes, 2019, p. 44.

71 LORDE, Audre. **Mulheres negras**: As ferramentas do mestre nunca desmantelarão a casa do mestre. Tradução de Renata. Geledés, 2013. Disponível em: https://www.geledes.org.br/mulheres-negras-as-ferramentas-do-mestre-nunca-irao-desmantelar-a-casa-do-mestre/. Acesso em: 25 fev. 2021.

se iniciou a escravização de povos originários, africanos e seus descendentes, demonstra como o movimento abolicionista, tomado pela elite, manteve os privilégios e a linguagem colonial na construção da nação brasileira que, apesar de dizer-se emancipada, se espelhava nos colonizadores como ideal de humanidade e de civilização.

Essa perspectiva se identifica com a abordagem utilizada nesta obra, justamente na tentativa de deslocar o olhar para além do mito da abolição e da ruptura, que se deu por intermédio da mesma ordem discursiva da própria legitimação da escravatura. Utilizando-se das ferramentas senhoris, dos discursos de propriedade, da superioridade racial e do discurso sobre o Outro, a elite editou leis abolicionistas e alterou a história a ser contada sobre o Brasil.

A Abolição da Escravatura como um Não-Evento: A manutenção do racismo no controle social brasileiro

É, de fato, na abolição da escravatura que pode ser marcado o papel do Estado no controle da população negra. Se antes o controle do corpo negro era realizado dentro dos limites das fazendas, após a abolição, com apoio das teorias raciais científicas, o Estado tomou para si o controle da população negra através de processos de criminalização e de embranquecimento do país. Se não havia pretensão de incluir o negro na sociedade brasileira, a reclusão e o extermínio seriam a solução encontrada por uma sociedade que via no branco europeu o estereótipo de nação a ser seguido.

A perspectiva adotada é aquela de Ana Luiza Flauzina, compreendendo que o sistema penal existe e atua por meio do racismo, no qual sem a construção negativa de raça como dispositivo[72] de controle, o sistema penal

72 Precisamente para Foucault, dispositivo é: "[...] em primeiro lugar, um conjunto decididamente heterogêneo que engloba discursos, instituições, organizações arquitetônicas, decisões regulamentares, leis, medidas administrativas, enunciados científicos, proposições filosóficas, morais, filantrópicas. Em suma, o dito e o não dito são elementos do dispositivo. O dispositivo é a rede que se pode estabelecer entre esses elementos. Em segundo lugar, gostaria de demarcar a natureza da relação que pode existir entre esses elementos heterogêneos. Sendo assim, tal discurso pode aparecer como programa de uma instituição, ou, ao contrário, como

seria qualquer outra coisa, mas não um sistema penal.[73] A autora demonstra como o sistema penal capturou o controle do corpo negro por meio, inclusive, da criminalização do movimento e da luta negra por sua emancipação, não somente pela liberdade, como também pelo movimento de reconstrução e restituição cultural africana:

> É por esta utilização político-ideológica que a intelectual Vilma Reis afirmará a utilização da "raça" como categoria analítica de base histórica, cultural e política. Para Reis, é no corpo que se inscrevem marcas profundas e emblemáticas de representações negativas do negro. Para garantir o controle destes corpos foi, então, aplicada a "pedagogia do medo", na qual a punição, o constrangimento, a violência e a coerção, fora impingidas para que se estabelecesse explicitamente a mensagem de qual lugar negros e negras teriam na sociedade baseada nestas hierarquizações.[74]

Foi após a abolição da escravatura que se impulsionou um movimento eugenista apoiado pela elite intelectual brasileira a partir de 1889, por intermédio do mecanismo de embranquecimento do país, reforçando a ideia de superioridade branca ao entender que a "miscigenação produzia 'naturalmente' uma população mais clara, em parte porque o gene branco

---

elementos que permitem justificar e mascarar uma prática que permanece muda; pode ainda funcionar como reinterpretação dessa prática, dando-lhe acesso a um novo campo de racionalidade. Em suma, entre estes elementos, discursivos ou não, existe um tipo de jogo, ou seja, mudanças de posição, modificações de funções, que também podem ser muito diferentes. Em terceiro lugar, entendo dispositivo como um tipo de formação que, em um determinado momento histórico, teve como função principal responder a uma urgência. O dispositivo tem, portanto, uma função estratégica dominante." (FOUCAULT, Michel. **Microfísica do Poder**. Tradução de Angela Loureiro de Souza. Rio de Janeiro: Paz e Terra, 2016, pp. 364-365.)

73 FLAUZINA, Ana Luiza. **Corpo Negro Caído no Chão**: O sistema penal e o projeto genocida do Estado Brasileiro. Dissertação (Mestrado em Direito) - Universidade de Brasília, Brasília, 2006, p. 78.

74 FLAUZINA, Ana Luiza. **Corpo Negro Caído no Chão**: O sistema penal e o projeto genocida do Estado Brasileiro. Dissertação (Mestrado em Direito) - Universidade de Brasília, Brasília, 2006, p. 77.

era mais forte e em parte porque as pessoas procurassem parceiros mais claros do que elas".[75]

A teoria do embranquecimento previa a total extinção do negro no Brasil até 2012,[76] demonstrando as nítidas intenções de extermínio de parte da população brasileira. No entanto, não foi apenas o processo de embranquecimento impulsionado pela miscigenação, como também pela imigração europeia e a proibição da imigração africana[77] que se operou a aniquilação da cultura afro e do negro no Brasil. O genocídio perpetrado em vias da abolição da escravatura, principalmente pela participação de cativos na guerra do Paraguai, em vista de sua liberdade, diminuiu drasticamente a população negra brasileira. O medo branco das revoltas e do empoderamento negro por sua liberdade deu início a novos métodos de controle sobre o corpo negro.

Pela ótica genocida, a diminuição considerável da população originária e da população negra no Brasil, uma iniciada na Conquista e, a outra, potencializada pós-abolição da escravatura, se dá por meio da "seleção natural", em que os brancos seriam, pela teoria da evolução social, os humanos mais aptos a sobreviver, visto estarem no topo da hierarquização da espécie humana, teoria esta que a criminologia positivista muito bem adotou, silenciando os extermínios a partir da racionalização do poder punitivo. Inclusive, Nina Rodrigues defende esta ideia ao referir que:

> O que é feito hoje das civilizações bárbaras brilhantes, complexas e poderosas que, ao tempo da descoberta da América, ocupavam o México e o Peru?

---

75 SKIDMORE, Thomas E. **Preto no Branco**: Raça e nacionalidade no pensamento brasileiro. Tradução de Raul de Sá Barbosa. Rio de Janeiro: Paz e Terra, 1976, p. 81.

76 SKIDMORE, Thomas E. **Preto no Branco**: Raça e nacionalidade no pensamento brasileiro. Tradução de Raul de Sá Barbosa. Rio de Janeiro: Paz e Terra, 1976, p. 84.

77 Sobre esse ponto, Abdias Nascimento refere que "quase no fim do seu governo ditatorial, Getúlio Vargas assinou, em 18 de setembro de 1945, o Decreto-Lei nº 7967, regulando a entrada de imigrantes de acordo com a 'necessidade de preservar e desenvolver na composição étnica da população, as características mais convenientes da sua ascendência europeia" (NASCIMENTO, Abdias. **O Genocídio do Negro Brasileiro**: Processo de um racismo mascarado. 3. ed. São Paulo: Perspectiva, 2016, p. 86).

> Dissolveram-se, desapareceram totalmente na concorrência social com a civilização europeia, muito mais polida e adiantada.[78]

Essa tentativa de apagar a marca da escravidão no Brasil e a busca de torná-lo um país branco é ilustrada pelo decreto de 28 de junho de 1890, dois anos após a abolição da escravatura, citado por Abdias de Nascimento:

> Fato inquestionável é que as leis de imigração nos tempos pós-abolicionistas foram concebidas dentro da estratégia maior: a erradicação da "mancha negra" na população brasileira. Um decreto de 28 de junho de 1890 concede que 'É inteiramente livre a entrada, nos portos da República, dos indivíduos válidos e aptos para o trabalho [...] Excetuados os indígenas da Ásia ou da África, que somente mediante autorização do Congresso Nacional poderão ser admitidos'.[79]

No entanto, não é novidade da pós-abolição a política de banimento do trabalho livre do negro liberto no Brasil. As considerações de um projeto de lei sobre a gradual abolição da escravatura previam, em seu art. 31, a preferência do trabalho livre dos imigrantes brancos ao trabalho do ex-cativo.[80] Recordando que, como citado no primeiro ponto deste capítulo, as leis remediadoras da libertação previam que o liberto deveria se ocupar em um trabalho, alugando-o, sendo que, após a abolição da escravatura, houve o surgimento do tipo penal de vadiagem, herança da legislação abolicionista

---

78 RODRIGUES, Nina. **As Raças Humanas e a Responsabilidade Penal no Brasil.** Rio de Janeiro: Centro Edelstein de Pesquisas Sociais, 2011, p. 3.

79 NASCIMENTO, Abdias. **O genocídio do Negro Brasileiro**: Processo de um racismo mascarado. 3. ed. São Paulo: Perspectiva, 2016, p. 86.

80 "Art. 31. O governo proverá, por todos os meios a seo alcance, sobre a substituição dos braços que forem faltando ás industrias em consequencia da emancipação dos escravos animando e fomentando a colonização estrangeira, e promovendo a vinda destes para o paiz, e que se empreguem com todas as passiveis vantagens, preferindo-os aos captivos, no caso de concurrencia destes para serviço proprio de suas profissões e aptidões." (LEAL, Luiz Francisco da Câmara. **Considerações e Projecto de Lei para Emancipação dos Escravo**: Sem prejuízo de seus senhores, em grave ônus para o Estado. Rio de Janeiro: Biblioteca do Senado Federal, 1866, p. 28.)

em que o liberto sem ocupação deveria prestar gratuitamente serviços públicos ou seria colocado em colônias agrícolas, mantendo a lógica do trabalho forçado.

Analisando essa racionalidade que se operava, é possível perceber que a questão de pena *versus* trabalho, punir para produzir proletário, diagnóstico próprio da criminologia crítica europeia, não se aplica aqui no Brasil sem se fazer necessária a reflexão de quem eram esses proletários e de quem se esperava que ocupasse um trabalho livre. Quem eram, de fato, os vadios no processo de abolição da escravatura e na pós-abolição? Para quem era destinada, por exemplo, a tipificação do delito de vadiagem?

O disciplinamento diagnosticado na pena de prisão deve ser retomado a partir do olhar colonizado. A disciplina para a produção de corpos dóceis e úteis era aplicada na colônia a partir de técnicas para além das empregadas dentro do sistema penal, operando-se desde o sistema de punição da economia escravocrata e, aliás, para a própria manutenção desta. Do olhar do colonizado, o processo de docilização incidia sobre os corpos desde a Conquista, quando da realização de um ritual diário de desumanização, produzindo significados dentro da linguagem colonial.

Nesse horizonte, houve a publicação de diversos decretos e políticas de controle dos libertos para além da legislação abolicionista, tais como as constituições de 1824 e 1891 e os Códigos Penais de 1830 e 1890 que continham a figura jurídica da "insurreição" para criminalizar a resistência dos escravizados, bem como a tipificação da "conspiração" para os homens considerados livres.[81]

A ausência de representação é latente e estabelecida constitucionalmente em 1924, ao determinar quem não poderia ser considerado eleitor nas eleições dos Deputados, Senadores e Membros dos Conselhos de Província. Eram, portanto, excluídos os que não tivessem renda líquida anual de duzentos mil réis por bem de raiz, indústria, comércio ou emprego, além dos libertos e dos criminosos.[82] Ainda, corroborado a isso, as lutas coletivas dos cativos eram consideradas insurreição, tipificadas no art. 113 do Código

81 DUARTE, Evandro Piza. **Criminologia e Racismo.** 2 ed. Curitiba: Juruá, 2017, p. 174.

82 **Constituição Política do Império do Brasil.** Rio de Janeiro, artigo 94.

Penal de 1830, considerando crime quando vinte ou mais escravizados se reuniam para reivindicarem, pela força, sua liberdade.[83] Nas mesmas penas incorriam os libertos que se reuniam para o mesmo fim e aqueles que aconselhavam os escravizados a se insurgirem.[84]

Sobre a formação da cidade negra no Rio de Janeiro, Sidney Chalhoub associa os movimentos de liberdade ao processo de luta dos negros que, ao saírem da rotina escravocrata, instituem uma política de liberdade. Portanto, há um aumento da preocupação pública na proibição e na perseguição de reuniões de cativos e libertos que gerava, inclusive, ofícios policiais que determinavam investigações de grupos reunidos para reivindicações de liberdade e, até mesmo, de escolas que ensinavam a ler e a escrever.[85] Nesse aspecto, o autor relata que:

> Ao perseguir capoeiras, demolir cortiços, modificar traçados urbanos — em suma, ao procurar mudar o sentido do desenvolvimento da cidade —, os republicanos atacavam na verdade a memória histórica da busca da liberdade. Eles não simplesmente demoliam casas e removiam entulhos, mas procuravam também desmontar cenários, esvaziar significados penosamente construídos na longa luta da cidade negra contra a escravidão.[86]

Com a alteração do regime escravocrata e o surgimento da República, houve a necessidade de redigir uma nova Constituição, publicada em 24 de fevereiro de 1891, na qual se propunha "organizar um regime livre e democrático".[87] Na referida Carta, há uma evidente alteração quanto aos

---

83 **Código Criminal de Império do Brasil**. Rio de Janeiro.

84 **Código Criminal de Império do Brasil**. Rio de Janeiro, artigos 114 e 115.

85 CHALHOUB, Sidney. **Visões de Liberdade**: Uma história das últimas décadas da escravidão na Corte. São Paulo: Companhia das Letras, 2011, p. 234.

86 CHALHOUB, Sidney. **Visões de Liberdade**: Uma história das últimas décadas da escravidão na Corte. São Paulo: Companhia das Letras, 2011, p. 232.

87 **Constituição da República dos Estados Unidos do Brasil.** Disponível em: http://www.planalto.gov.br/ccivil_03/constituicao/constituicao91.htm. Acesso em: 05 fev. 2021.

impedidos de votar,[88] destinando-se à população recentemente liberta, ao estabelecer que somente eram considerados eleitores os cidadãos maiores de 21 anos, exceto:

> 1º) os mendigos;
> 2º) os analfabetos, as praças de pré, excetuados os alunos das escolas militares de ensino superior;
> 3º) os religiosos de ordens monásticas, companhias, congregações ou comunidades de qualquer denominação, sujeitas a voto de obediência, regra ou estatuto que importe a renúncia da liberdade individual.[89]

Schwarcz aponta que, ainda no Império, cerca de 10% da população votava, enquanto na Primeira República, no ano de 1920, a população votante oscilava entre 2,3% e 3,4% do total da população.[90]

Sabe-se que eram proibidas aos escravizados as práticas da leitura e escrita, ao menos a alfabetização na língua portuguesa, pois acreditava-se que ao dificultar a comunicação entre os escravizados seriam inibidas as tentativas de se unirem para reivindicarem a liberdade, impedindo, assim, revoltas. Ignorando outros tipos de linguagem, que podem ocorrer através dos corpos na própria presença comum de reivindicar algo, os rituais religiosos, culturais, entre outros, preferia-se que os negros mantivessem sua língua originária, específica de cada povo, tribo e grupo africano.

Nesse aspecto, cabe referir que, no processo de colonização, a língua também se torna instrumento de submissão, violência e controle. No caso brasileiro, a preocupação com a língua se deu, principalmente, pela política

---

88 Sobre a ausência de representatividade política, Schwarcz refere que: "certas características consolidadas ao longo do tempo persistiam na Primeira República. Uma delas foi justamente o perfil oligárquico da nação, com a manutenção do número reduzido de eleitores e cidadãos elegíveis." (SCHWARCZ, Lilia Mortiz. **Sobre o Autoritarismo Brasileiro**. São Paulo: Companhia das Letras, 2019, pp. 54-55.)

89 **Constituição da República dos Estados Unidos do Brasil**. Artigo 70, parágrafo 1º. Disponível em: http://www.planalto.gov.br/ccivil_03/constituicao/constituicao91.htm. Acesso em: 05 fev. 2021.

90 SCHWARCZ, Lilia Mortiz. **Sobre o Autoritarismo Brasileiro**. São Paulo: Companhia das Letras, 2019, p. 55.

de Marquês de Pombal,[91] por meio do Alvará de Maio de 1758, em que se criou condições para a hegemonia da língua portuguesa no Brasil. Já o Alvará de 30 de Setembro de 1770 declarou a necessidade da universalização da língua portuguesa no intuito de alcançar os objetivos civilizatórios dos povos originários.[92] Ruth Gauer explica que:

> A política portuguesa teve, no geral, uma preocupação constante com a língua falada no Brasil, porém, foi na época de Pombal que essa preocupação apareceu mais acentuada com relação aos índios, já que, com relação aos africanos, traduziu-se principalmente em várias a composição étnica da população negra trazida para o Brasil. Essa política partia do pressuposto de que a unidade linguística dos negros poderia possibilitar movimentos de revolta escrava.[93]

Ademais, com o final da escravidão não houve nenhum investimento na educação — leia-se alfabetização na língua portuguesa ou na língua originária — mantendo o negro afastado do status de cidadão eleitor e, consequentemente, de seus representantes. Verifica-se, portanto, que apesar

---

91 Conhecido como Marquês de Pombal, Sebastião de Carvalho e Melo foi ministro do Reino no Brasil do ministério organizado por Dom José I, entre os anos de 1750 e 1777, responsável pelas chamadas reformas pombalinas. Tendo sido embaixador em Londres, atribuiu o progresso à ciência. Por essa razão, aboliu o monopólio que os jesuítas tinham sobre o ensino nas colônias (PAIM, Antonio. **História do Liberalismo Brasileiro**. 2 ed. rev. e ampl. São Paulo: LVM, 2018, p. 32). Uma das principais reformas do Marquês de Pombal foi proporcionada pela Lei do Diretório, em 3 de maio de 1757 que: "estabelecia novas relações com os índios para promover-lhes a emancipação e melhorar-lhes as condições e tinha como um dos seus principais objetivos vulgarizar a língua portuguesa. Em agosto de 1759, o Rei renovava a Lei do Diretório e confirmava para todo o Brasil, a partir da data do Alvará, o uso obrigatório da língua portuguesa nas comunidades rurais e no interior." (GAUER, Ruth Maria Chittó. **A Construção do Estado-nação Brasil**: A contribuição dos egressos de Coimbra. Curitiba: Juruá, 2001, p. 199.)

92 GAUER, Ruth Maria Chittó. **A Construção do Estado-nação no Brasil**: A contribuição dos egressos de Coimbra. Curitiba: Juruá, 2001, p. 200.

93 GAUER, Ruth Maria Chittó. **A Construção do Estado-nação no Brasil**: A contribuição dos egressos de Coimbra. Curitiba: Juruá, 2001, p. 200.

da Constituição de 1824 e do Código Penal de 1830 negarem o passado colonial na nova formação política da independência, "toda a estrutura política e jurídica do Império permaneceu nas mesmas bases anteriores: o latifúndio agro-exportador e o trabalho escravo".[94]

Portanto, estender a cidadania aos ex-cativos não era objetivo do movimento abolicionista, já que o governo republicano excluiu o direito ao voto dos não alfabetizados em língua portuguesa, fato que afetou a maioria da população escravizada que, embora liberta, não tinha representação política.[95] Um dos maiores objetivos da abolição da escravatura é ilustrado no manifesto da sociedade brasileira contra a escravidão com a seguinte explanação:

> E' que a nossa honra militar é igual á das outras nações. Quando um Brazileiro leva o nosso nome á Europa; quando a protecção concedida aos sábios Europeos mostra a nossa cultura intellectual; quando nas nossas relações exteriores aparecemos como um paiz adiantado, generoso e liberal, o nosso amor proprio se satisfaz e se estimula.
> Pois bem, pode uma nação assim, intelligente, sensível e cheia de incentivos proprios, assistir indifferente ao atrazo revoltante em que a escravidão a mantem ém relação ao mundo inteiro?[96]

A manutenção de controle legalizado sobre o corpo negro se tornou possível, entre outras racionalidades e motivações, também pelo fato de o movimento elitista da abolição da escravatura ter se camuflado pela compaixão e pela humanidade (afinal, era um sentimento atribuído somente aos civilizados), enquanto, em realidade, se estabelecia como uma luta em favor do progresso, dos ideais de modernidade, sem a participação da população a ser emancipada. Aliás, as grandes narrativas históricas sobre a abolição da escravidão encobrem as lutas dos escravizados ou dos já libertos, contadas somente como movimentos isolados de insurreição e revoltas, atos enquadrados como violência ilegítima. É necessário entender o porquê de

94 NEDER, Gizlene. **Iluminismo Jurídico-Penal Luso-Brasileiro**: Obediência e submissão. 2 ed. Revan: Rio de Janeiro, 2007, p. 191.

95 COSTA, Emília Viotti da. **A Abolição.** 9 ed. São Paulo: UNESP, 2010, p. 137.

96 NABUCO, Joaquim. **Manifesto da Sociedade Brasileira contra a Escravidão.** Rio de Janeiro, 1880, p. 10.

a elite branca ser tolerada frente ao seu grito de "humanidade", enquanto os escravizados e ex-cativos deveriam lutar nas surdinas para não serem punidos, açoitados ou criminalizados. A historiadora Emília Viotti da Costa refere que os escravizados:

> não escreveram a sua história. Por isso, foi contada por outros. A história que se acabou por fixar nos livros didáticos valorizou a ação parlamentar e as leis abolicionistas. Estas foram descritas como dádivas das classes dominantes. Heróis foram os que, em um país onde apenas 30% da população era alfabetizada, tinham o privilégio de saber escrever e puderam contar sua própria história. Ignorado ficou um sem-número de devotados abolicionistas, brancos, negros e mulatos — heróis anônimos da nossa história sem os quais a abolição jamais teria sido conquistada.[97]

Reconhecendo a tomada do protagonismo pela elite, o movimento negro trocou o ícone abolicionista, e a data comemorativa da abolição passou a ser comemorada em 20 de novembro, considerando Francisco Zumbi como o protagonista da abolição da escravatura no Brasil.[98] É nítida a captura pela elite no movimento abolicionista, haja vista que a escravidão foi um mecanismo de redução da humanidade de negros e negras, mantendo a lógica da coisificação até mesmo nos discursos propalados pelos defensores da libertação. Nesse ponto, Achille Mbembe refere que:

> Por meio do triplo mecanismo de captura, esvaziamento e objetificação, o escravo é fixado à forma num dispositivo que o impede de fazer livremente da sua vida (e a partir da sua vida) uma obra verdadeira; algo que se mantenha por si mesmo e que seja dotado de uma consciência própria. Na realidade, tudo que foi produzido pelo escravo lhe foi subtraído — o produto de seu trabalho, seus filhos, suas obras intelectuais. Não é considerado autor de nada que propriamente lhe pertença.[99]

---

97 COSTA, Emília Viotti da. **A Abolição**. 9 ed. São Paulo: UNESP, 2010, p. 129.

98 ALONSO, Angela. **Flores, Votos e Balas**: O movimento abolicionista brasileiro (1868-88). São Paulo: Companhia das Letras, 2015, p. 16.

99 MBEMBE, Achille. **Crítica da Razão Negra**. Tradução de Sebastião Nascimento. São Paulo: N-1 edições 2018, p. 94.

É essa captura, essa visão do branco em relação ao negro escravizado como um não-ser, que permitiu que se discutisse a abolição da escravatura pelo viés econômico, que a liberdade fosse concedida gradualmente, que a compaixão e o progresso fossem palavras-chaves do movimento abolicionista e que a população negra não estivesse presente nas narrativas históricas sobre as lutas pela liberdade, a não ser como objeto a ser libertado.

É possível perceber, no discurso abolicionista, as influências externas, em especial pelas "luzes" trazidas pela modernidade e pelo progresso, de uma força de trabalho que estava ficando insustentável para um país que queria se parecer com a Europa e com os Estado Unidos, que já haviam abolido a escravidão e que, segundo Joaquim Nabuco, eram imbuídos pelo sentimento de compaixão.[100] Os parlamentares preocupavam-se mais com dar o grito de liberdade no lugar daqueles que ainda eram julgados como "Outro" e com pensar em indenizações aos senhores do que com oferecer alguma política pública, assistencialista ou indenizatória às vidas escravizadas e sequestradas diariamente por quase quatro séculos.

Aos abolicionistas, pouco importava o destino dos escravizados emancipados, sua cidadania e seu sentimento de pertencimento, nem a restituição de sua identidade/humanidade que resistia diante da violência da escravização. Esse cenário é ilustrado na ideia de Rebouças em criar uma "Libéria, um país na África para onde reexportar os ex-escravos".[101] Negras e negros nascidos no Brasil, retirados de sua ancestralidade, como libertos, não serviriam mais à pátria, pois não lhe pertenciam como cidadãos brasileiros. Estes são os heróis do abolicionismo, cegos pelas luzes; estavam mais próximos dos escravocratas do que daqueles por quem diziam lutar.

Nesse sentido, como já observado, é possível perceber as proximidades entre os discursos dos escravagistas e dos abolicionistas elitizados, pois a preocupação eram as questões econômica e social. Os dois apresentavam, em seus argumentos, a ruína do país; a retórica era a do progresso e era comum aos dois discursos o medo das revoltas e do protagonismo dos escravizados

---

100 NABUCO, Joaquim. **Manifesto da Sociedade Brasileira contra a Escravidão**. Rio de Janeiro, 1880, p. 10.

101 ALONSO, Angela. **Flores, Votos e Balas**: O movimento abolicionista brasileiro (1868-88). São Paulo: Companhia das Letras, 2015, p. 70.

pela luta da liberdade.[102] Se o progresso pretendido se espelhava na modernidade, o processo de libertação do escravizado não pretendia categorizá-lo como sujeito.

É nessa tentativa de compreender as formas de poder sobre o corpo negro que Evandro Piza Duarte, Marcos Vinícius Queiroz e Pedro Costa vão aplicar o conceito de dispositivo de Foucault desde a Conquista,[103] utilizando-se, também, dos ensinamentos de Giorgio Agamben sobre o "muçulmano" ao entender Auschwitz como a máxima do biopoder, como o poder do Estado em "fazer sobreviver".[104] A conclusão dos autores permite que os conceitos utilizados possam ser transportados para muito antes do signo raça como episteme, a fim de entender o controle na modernidade.

No entanto, a biopolítica só se fez possível pela utilização dos instrumentos políticos e de poder utilizados no processo de colonização. Esse é o efeito bumerangue de que nos fala Foucault ao referir que:

> Nunca se deve esquecer que a colonização, com suas técnicas e suas armas políticas e jurídicas, transportou, claro, modelos europeus para outros continentes, mas que ela também teve numerosas repercussões sobre os mecanismos de poder no Ocidente, sobre os aparelhos, instituições e técnicas de poder. Houve toda uma série de modelos coloniais que foram trazidos para o Ocidente e que fez com que o Ocidente pudesse praticar também em si mesmo algo como uma colonização, um colonialismo Interno.[105]

---

102 Angela Alonso cita uma réplica de Rio Branco na defesa do argumento da manutenção do status quo defendido pelos escravagistas para evitar revoltas, publicado no Jornal do Comercio, de que a manutenção da escravidão traria inconvenientes e provocariam soluções violentas. (ALONSO, Angela. **Flores, Votos e Balas**: O movimento abolicionista brasileiro (1868-88). São Paulo: Companhia das Letras, 2015, p. 72.)

103 DUARTE; Evandro Piza; QUEIROZ, Marcos Vinícius Lustosa; COSTA, Pedro Argolo. A Hipótese Colonial, um diálogo com Michel Foucault: A modernidade e o Atlântico Negro no centro do debate sobre racismo e sistema penal. **Univesitas Jus**. v. 27. n. 2, 2016.

104 AGAMBEN, Giorgio. **O que Resta de Auschwitz**: O arquivo e a testemunha (Homo Sacer III). Tradução de Silvino J. Assmann. São Paulo: Boitempo, 2008.

105 FOUCAULT, Michel. **Em Defesa da Sociedade**: Curso no Collège de France (1975 – 1976). São Paulo: Martins Fontes, 2010, p. 86.

No entanto, não se pode esquecer que os efeitos da colonização não se restringiram às colônias. A própria Europa, com seu expansionismo, não só proporcionou o evento Conquista, como também, desde logo, praticava em seu próprio território o que depois foi imputado como um problema das Américas: a escravidão. Os liberais, ao defender a liberdade dos cidadãos frente ao Soberano, não se constrangeram em implantar, em suas colônias, a economia escravocrata, bem como em realizar a prática da escravização dentro da própria Europa:

> Na metade do séc. XVIII a Grã-Bretanha é a que possui o maior número de escravos (878.000). Não há nada de óbvio nesse dado. [...] Quem ocupa o segundo lugar é Portugal, que possui 700.000 escravos e que na verdade é uma espécie de semicolônia da Grã-Bretanha.[106]

É necessário perceber, para além de aplicações teóricas europeias, como esse poder sobre a vida e a morte pode ser sentido no Brasil ainda na colônia, muito antes das teorias biologistas racionalizarem a estrutura racial na sociedade brasileira. Assim, tornar-se-á possível compreender como se constitui a construção do negro como um objeto, como propriedade destituída de humanidade, na tentativa de perceber como o controle sobre os corpos de determinados indivíduos, reduzidos a mercadorias, resultou no extermínio dos povos originários, bem como no poder de fazer sobreviver para o trabalho escravo[107] e, pós-abolição, se corporificou no controle popu-

---

106 LOSURDO, Domenico. **Contra-História do Liberalismo**. São Paulo: Ideias & Letras, 2006, p.48.

107 No texto "Cidades Negras", os autores explanam que antes da proibição, ao menos oficial, do tráfico de pessoas da África, o trabalho do escravizado era levado até o limite, haja vista que o fluxo de mão de obra escravizada era intensamente abastecido até 1850. Até este momento, o corpo negro era levado ao esgotamento, pois não havia preocupação com a condição de vida do cativo, nem o intuito de adiar sua morte. (FARIAS, Juliana Barreto; GOMES, Flávio dos Santos; SOARES, Carlos Eugênio Líbano; ARAÚJO, Carlos Eduardo Moreira de. **Cidades Negras**: africanos, crioulos e espaços urbanos no Brasil escravista do século XIX. 2 ed. São Paulo: Alameda, 2006, p. 23.) A preocupação com a sobrevivência se potencializou a partir da diminuição do mercado que alimentava a economia escravagista, sendo que a preocupação com a população negra, no

lacional higienista que é centralizado na biopolítica e a na função assassina do Estado permitida pelo racismo.

Sueli Carneiro elabora a ideia de que se o dispositivo prescinde de disciplinamento, de subordinação do outro, o biopoder atuará como tecnologia de eliminação, ao acionar o dispositivo de racialidade para determinar, em condição de aceitabilidade, quem deve morrer e quem deve viver.[108] Se na Colônia a população originária toda deveria morrer, na Independência e na República, na tentativa de se constituir a nação brasileira, há que se estabelecer quais deveriam viver e quais deveriam morrer ou desaparecer através do processo de mestiçagem, visto que a elite intelectual almejava que o Brasil fosse branco.[109]

Essa análise permitirá deslocar a biopolítica para além dos acontecimentos na Europa no século XX. Na colônia, no extermínio dos povos originários e no ritual de escravização, existia algo muito mais próximo do fazer morrer. Esse poder de morte é atravessado pelo racismo, para que a morte desse corpo racializado mantenha o espectro colonial.

Franz Fanon refere que o mundo colonial é dividido em compartimentos, como um mundo cindido em dois, precisamente o mundo do colono e do colonizado, a fim de fazer com que o colonizado olhe para o colonizador com ares de inveja.[110] Essa divisão permite construir o ser colonizado como

---

intuito de controle populacional, controle de natalidade e mortalidade, questões de saúde pública iniciou-se a partir dos projetos e leis abolicionistas.

108 CARNEIRO, Aparecida Sueli. **A Construção do Outro como não-ser como Fundamento do Ser**. Tese (Doutorado em Educação) - Universidade de São Paulo, São Paulo, 2005, p. 176.

109 Abdias Nascimento, quanto aos objetivos de embranquecimento do país, refere que: "O processo de miscigenação, fundamentado na exploração sexual da mulher negra, foi erguido como fenômeno de puro e simples genocídio. O 'problema' seria resolvido pela eliminação da população afrodescendente. Com o crescimento da população mulata, a raça negra iria desaparecendo sob a coação do progressivo clareamento da população do país. Tal proposta foi recebida com elogios calorosos e grandes sinais de alívio otimista pela preocupada classe dominante." (NASCIMENTO, Abdias. **O genocídio do Negro Brasileiro**: Processo de um racismo mascarado. 3 ed. São Paulo: Perspectivas, 2016, p. 84.)

110 FANON, Frantz. **Os Condenados da Terra**. Tradução de Enilce Albergaria Rocha e Lucy Magalhães. Juiz de Fora: UFJF, 2015, p. 54.

diferente do colono e, ao passo dessa diferença, pretende representar-se nele para aproximar-se da civilidade.

No entanto, falta a compreensão de que as sociedades colonizadoras se escondem por detrás do discurso de civilidade e racionalidade, máscaras de "uma face noturna".[111] É dessa face avessa, é dessa noite,[112] que emerge o Estado-nação Brasil que fez do pensamento abolicionista não mais do que um ideal de independência outorgada pela elite.

Fanon escancara a violência decorrente tanto do processo de colonização como o de descolonização que, em vez de o colonizado retomar seus valores violentamente extirpados pela conquista, apenas consegue se desprender do status de oprimido quando adere à cultura e ao estilo de sociedade branca europeia.[113] O autor remonta à construção do ser inumanizado a partir da linguagem da colonização, tal como:

> a linguagem do colono, quando fala do colonizado, é uma linguagem zoológica. Faz-se alusão aos movimentos de reptação do amarelo, às emanações da cidade indígena, às hordas, ao mau cheiro, à proliferação, à gesticulação. O colono, quando quer descrever bem e encontrar a palavra certa, se refere constantemente ao bestiário. O europeu tropeça raramente nos termos "pitorescos", mas o colonizado, que percebe o projeto europeu, o processo preciso que lhe intentam, sabe imediatamente em que se pensa. Essa demografia galopante, essas massas histéricas, esses rostos do qual toda a humanidade fugiu, esses corpos obesos que não se parecem mais a nada, essa corja sem pé nem cabeça, essas crianças que parecem não pertencer a ninguém, essa preguiça exposta ao sol, esse ritmo vegetal, tudo isso faz parte do vocabulário colonial.[114]

---

111 MBEMBE, Achille. **Sair da Grande Noite**: Ensaio sobre a África descolonizada. Tradução de Fábio Ribeiro. Rio de Janeiro: Vozes, 2019, p. 46.

112 Achille Mbembe explica que a face noturna, invisível, o negro, a África, o Outro, são construções do imaginário que constituíram a colônia. Para que a luta descolonizadora, anticolonizadora, tenha potência, deve-se ter consciência dessa noite, para que se desprenda dos signos que encobriram estes corpos.

113 FANON, Franz. **Os Condenados da Terra**. Rio de Janeiro: Civilização Brasileira, 1968, p. 60.

114 FANON, Frantz. **Os Condenados da Terra**. Tradução de Enilce Albergaria Rocha e Lucy Magalhães. Juiz de Fora: UFJF, 2015, p. 59.

O que se depreende da abordagem de Frantz Fanon é que, para que exista, de fato, um rompimento com o regime de colonização, é necessário, de pronto, abolir a linguagem colonizadora, o vocabulário e o véu que encobriu o corpo do colonizado e, em especial, o racismo.

Além da questão da estrutura social, capital e punição, o racismo que outrora justificou a violência colonial passou a se internalizar nas estruturas hierárquicas, sustentado por explicações científicas sobre degeneração, as quais foram introjetadas no interior do Estado, servindo como estratégia de controle e disciplinamento do século XX. Nesse sentido, o signo raça passa a ser exercido como dispositivo/tecnologia de controle, a partir de um racismo de Estado, que transpassará todo o corpo social através da hierarquização biológica.[115]

No entanto, faz-se necessário compreender essas estratégias para além das perspectivas europeias do século XX. Muito antes das teorias sobre raça, o controle sobre o corpo negro já estava em pleno exercício na realidade escravagista brasileira. Portanto, se a criminologia pretende fazer uma genealogia do poder punitivo no Brasil, deve-se, primeiramente, levar em conta as estratégias de controle e disciplinamento desde a colonização, bem como a história de genocídio e escravização.[116]

Na tentativa de compreender as estratégias de controle embasadas na raça, Achille Mbembe parte da construção do racismo a partir do signo África como elemento geográfico que se constitui por um conjunto de coisas,

---

115 FOUCAULT, Michel. **Em Defesa da Sociedade**: Curso no Collège de France (1975 – 1976). São Paulo: Martins Fontes, 2010, p. 69.

116 Achille Mbembe destoa da ideia de que no regime de escravidão não há capitalismo. O autor define o escravidão como sendo própria de um capitalismo colonial. Sobre esse campo de experimento, Mbembe menciona que: "A escravidão, por sua vez, foi um modo de produção, circulação e repartição de riquezas fundado sobre a recusa da institucionalização de qualquer domínio do 'não apropriável'. Sob todos os pontos de vista, a 'plantation', a fábrica, e a 'colônia' foram os principais laboratórios onde se testou o futuro autoritário do mundo que observamos hoje em dia." (MBEMBE, Achille. **Sair da Grande Noite**: Ensaio sobre a África descolonizada. Tradução de Fábio Ribeiro. Rio de Janeiro: Vozes, 2019, p. 83.)

sendo uma delas a condição racial.[117] O autor refere que a vida na África sempre remete à vida do Outro, uma vida não propriamente humana, em que o negro é sua principal máscara.

Achille Mbembe, ao analisar a insígnia "negro" como significante que significa uma série de adjetivos ligados à coisificação e à degradação, refere que há uma estrita vinculação da palavra "negro à morte [...], ao silêncio a que deveria necessariamente ser reduzida a coisa — à ordem de se calar e não ser visto".[118] Essa insígnia, essa marca na pele que determina o que é ser negro, também é, segundo o autor, sua indumentária, é uma vida que, por ser noite, é invisível.

É por isso que perseguir a ideia de invisibilidade permitirá entender como o racismo realiza um corte, uma "cesura",[119] no fazer viver alguns para que se deixe morrer outros. Neste ponto, considerando a realidade colonial brasileira, é melhor acertada a aproximação com o conceito de necropolítica de Mbembe, visto que, partindo da colonização e da escravização, é possível perceber que a gestão dos colonizados não se consubstanciava em gerir a vida deixando morrer alguns, mas fazer viver alguns através da gerência da morte de outros. É um fazer viver fazendo morrer, não apenas deixando morrer.

Apesar de biopolítica e necropolítica se complementarem e, por vezes, se confundirem, a diferença consubstancial entre esses dois conceitos é o olhar de onde parte, do lugar da experiência vivida. Se na Europa a biopolítica era aquela que pretendia maximizar a vida permitindo a morte, já nas colônias, no lugar desse Outro construído e atravessado pelo racismo, a morte era presença, e não consequência inevitável. Nesse avesso da metrópole, nesse véu noturno que encobriu os corpos colonizados, operou-se uma política de morte genocida sobre toda população originária. Não há vitalidade neste cenário, não se trata de gerir a vida do Outro, senão de gerir a "vida" colonial pela morte.

---

117 MBEMBE, Achille. **Crítica da Razão Negra.** São Paulo: N-1 edições, 2018, p. 96.

118 MBEMBE, Achille. **Crítica da Razão Negra**. São Paulo: N-1 edições, 2018, p. 264.

119 FOUCAULT, Michel. **Em Defesa da Sociedade**: Curso no Collège de France (1975 – 1976). São Paulo: Martins Fontes, 2010, p. 214.

Necropolítica e biopolítica são conceitos, portanto, que partem de olhares e lados diferentes da mesma moeda. Nesse sentido, do olhar colonizado, pode-se dizer que o Brasil colônia era campo de experimento biopolítico, onde aos povos originários era destinada somente a experiência da morte.

Essa verificação foi realizada por Mbembe ao entender que a ordem colonial se alicerçava na ideia de que a humanidade era cindida em espécies, separadas hierarquicamente, as quais deviam se distanciar entre si. A colonização é a relação de uma civilização que se diz desenvolvida com novos países, aos quais se imputa a não civilidade, de onde os ditos civilizados tiram recursos para a sobrevivência da metrópole. Por isso, Mbembe refere não ser um "exagero dizer que o Estado colonial opera por meio da estatização do biológico".[120]

Para tanto, as técnicas de poder investidas nos corpos foram precedidas de significações sobre o corpo negro para além da objetificação e da propriedade. Como bem aponta Mbembe:

> Uma instância representativa de branco tomou o meu lugar e fez da minha consciência o seu objeto. Agora, esta instância respira, pensa, fala por mim, observa-me, age por mim. Ao mesmo tempo, esta instância-amo tem medo de mim. Faço-lhes vir à tona todos os sentimentos sombrios enterrados nas sombras da cultura — terror e horror, ódio, desprezo e insulto. A instância--amo imagina que eu posso praticar todo o tipo de abusos desonrosos, aproximadamente os mesmo que ela me infligiu. [...] Ele teme-me não por causa do que lhe fiz, ou que lhe dei a ver, mas por causa do que me fez e julga que poderei fazer-lhe.[121]

O posicionamento de Mbembe, o qual coaduna com a perspectiva lançada na presente obra, não propõe ao questionamento sobre como (e se) a coisificação agiu na subjetividade do corpo negro. Apesar das abordagens sobre a escravidão limitarem o "senhor" e o escravizado em uma relação entre proprietário e coisa, a condição de humano do escravizado é indiscutível, por evidente. Nesse ponto, o ritual diário de castigos e trabalho forçado indica,

---

120 MBEMBE, Achille. **Crítica da Razão Negra**. Tradução de Sebastião Nascimento. São Paulo: N-1 edições 2018. p. 124.

121 MBEMBE, Achille. **Políticas de Inimizade.** Lisboa: Antígona, 2017, p. 178.

a todo tempo, a tentativa de desumanizar justamente por não ser natural a atribuição do escravizado como coisa, que dependia sobretudo de um regime jurídico que o qualificasse como tal. Portanto, o que se deve interrogar é como que o processo de colonização utilizou a hierarquização racial como instrumento discursivo do genocídio e da escravidão, e não empreender esforços para compreender como a escravidão se introjetou no negro, em uma falsa ideia de que foi aceita ou não resistida.

Jacob Gorender, ao tentar confrontar a condição de coisa do escravizado, acaba por reduzir sua humanidade ao crime, ao referir que:

> O primeiro ato humano do escravo é o crime, desde o atentado contra o senhor à fuga do cativeiro. Em contrapartida, ao reconhecer a responsabilidade penal dos escravos, a sociedade escravista os reconhecia como homens: além de incluí-los no direito das coisas, submetia-os à legislação penal.[122]

O apontamento de Gorender implica na compreensão de que a humanidade do escravizado é constituída, primordialmente, como criminosa. Parece que o autor incorre no reducionismo ao conferir humanidade à lei penal, haja vista que somente a pessoa pode ser penalmente responsabilizada. Apesar de Gorender, em *A Escravidão Reabilitada*,[123] parecer ter afastado

---

122 GORENDER, Jacob. **O Escravismo Colonial**. 6 ed. São Paulo: Perseu Abramo, 2016, p. 94.

123 Jacob Gorender reitera que: "em tudo que escrevi sobre escravidão, estudei o escravo como sujeito do processo de trabalho e como sujeito histórico, capaz de lutar contra a opressão coisificante. Mas o meu enfoque, como o de outros historiadores, não foi, absolutamente, o de salientar a subjetividade do escravo, a fonte do potencial de acomodação ao regime opressor, de aceitação da escravidão como sistema contratual, o que o aproximaria singularmente do capitalismo." (GORENDER, Jacob. **A Escravidão Reabilitada**. São Paulo: Expressão Popular, 2016, p. 43). Não se adota, aqui, a perspectiva do autor, embora algumas passagens pareçam ser coerentes com a linha de argumento desta obra. No entanto, Gorender parece preocupado em compreender, ainda que esteja a todo tempo refutando, o papel do escravizado no regime escravocrata. Apesar salientar que não concorda com a referência de que se trata de aceitação e passividade, o autor também aborda que existia uma espécie de negociação entre senhor e escravizado, pois as duas polaridades "manipulam ou transigem no sentido de obter a

essa necessidade de se compreender a coisificação subjetiva do escravizado, que implica, por vezes, defender que o status de escravizado era introjetado e aceito por meio de processos de subjetivação pela violência física e psicológica, em *O Escravismo Colonial*, Gorender parece se preocupar em explicar a sujeição pessoal do negro, o que não se defende e não se aborda nesta obra.

Ao fazer referência ao ato de humanidade através do crime, o que o autor não adverte é que a lei penal não é naturalmente colocada no mundo, mas produzida a depender da estrutura social em que é elaborada. Ademais, o objetivo da criminalização da resistência dos escravizados nada tem a ver com lhes conferir humanidade, mas com o medo branco das revoltas e com o desejo de manter a ordem estruturada em privilégios. Nesse viés, é acertado o posicionamento de Gizlene Neder ao sinalizar que:

> A criminalização da capoeiragem, associada à vadiagem, adquiriu, assim, fortes conotações políticas e ideológicas, que devem ser remontadas ao "medo branco", diante do fim da escravidão e da forma anteriormente adotada do controle social (exercido diretamente pelos senhores e seus capatazes).[124]

Chalhoub mostrará como o processo de criminalização do negro se operou antes da adoção da criminologia positivista. O autor aborda a construção da humanização do cativo como indivíduo a partir da resistência à sua condição de "coisa". No entanto, o autor adverte os cuidados que se devem tomar com o posicionamento de Gorender quando alega que o primeiro ato do escravo como humano é o crime.[125] Chalhoub denuncia a metodologia empregada por Jacob Gorender ao tentar representar a

---

colaboração mútua. Os escravos utilizam 'estratégias' a fim de 'passar a vida'." (GORENDER, Jacob. **A Escravidão Reabilitada**. São Paulo: Expressão Popular, 2016, p. 43). Para o autor, portanto, existiria uma espécie de acordo sistêmico. (GORENDER, Jacob. **A Escravidão Reabilitada**. São Paulo: Expressão Popular, 2016, p. 44.) Filio-me mais à ideia de que as estratégias eram pensadas como resistência e sobrevivência.

124 NEDER, Gizlene. **Iluminismo Jurídico-Penal Luso-Brasileiro**: Obediência e submissão. Rio de Janeiro: Revan, 2007, p. 178.

125 CHALHOUB, Sidney. **Visões da Liberdade**: Uma história das últimas décadas da escravidão da Corte. Tese (Doutorado em História) - Universidade Estadual de Campinas, São Paulo, 1989, p. 396.

coisificação do negro na escravidão. Explica que o autor já carrega a conclusão antecipadamente, caracterizando a ação do negro escravizado a partir do dualismo entre conformismo e resistência, passividade e atividade, coisificação e rebeldia, pressupondo que o agir do escravizado se caracterizava pelo que o opressor esperava do oprimido, assim como era visto pelo opressor o oprimido via-se.[126]

Essa ideia de que o primeiro ato do escravizado como humano é exatamente a resistência à sua condição de coisa, alegando que sua humanidade, então, se perfectibilizava pelo crime, não faz mais do que negligenciar a estrutura que criminalizava a conduta de resistência, de luta e de empoderamento. Ou seja, tal afirmativa reconhecia a condição de humano do escravizado para efeitos penais, mas ainda sem humanizá-lo, sem conferir-lhe condição de cidadania e de pertencimento.

Não se trata simplesmente de processo de coisificação ou de destituição da humanidade, mas de processos de significações e ressignificações da humanidade, embasados, primordialmente, na raça. Juliana Borges explica como o controle sobre o corpo negro na escravidão era embasado no medo. Grilhões, instrumentos de tortura, processos de humilhação e castigos reforçavam e ressignificavam, diariamente, o papel do negro na sociedade brasileira. A autora aponta que:

> é no corpo que se inscrevem marcas profundas e emblemáticas de representações negativas do negro. Para garantir o controle destes corpos foi, então, aplicada a "pedagogia do medo", na qual a punição, o constrangimento, a violência e a coerção, foram impingidos para que se estabelecesse explicitamente a mensagem de qual lugar negros e negras teriam na sociedade baseada nestas hierarquizações.[127]

O próprio Gorender, ao referir-se às punições realizadas pelos malfeitores, capatazes responsáveis por aplicar castigos nos escravizados, explica que havia:

---

126 CHALHOUB, Sidney. **Visões da Liberdade**: Uma história das últimas décadas da escravidão da Corte. Tese (Doutorado em História) - Universidade Estadual de Campinas, São Paulo, 1989, p. 397.

127 BORGES, Juliana. **O que é Encarceramento em Massa?** Belo Horizonte: Letramento, Justificando, 2018, p. 63.

> Um "Regimento de Feitos-Mor" de meados do século XVII mandava que o escravo, depois de "bem açoitado", fosse picado com navalha ou faca e se aplicasse nos ferimentos sal, sumo de limão e urina para, em seguida, ser metido "alguns dias na corrente". Nas cidades maiores, durante o período colonial, a aplicação dos açoites era feita em público, na praça do pelourinho. A praxe teve prosseguimento no Brasil independente. Os senhores entregavam escravos a serem punidos com reclusão e açoite a uma delegacia de polícia, mediante o devido pagamento.[128]

O autor faz essa menção às punições na escravidão para diferenciá-las das empregadas no modo de produção capitalista, pois as primeiras seriam improdutivas, já que, além de privados, os castigos fariam com que o corpo açoitado ficasse em recuperação por dias, diminuindo o tempo de produção do escravizado. No entanto, diferente do posicionamento do autor, a escravidão não se resumia a fazer do corpo negro instrumento de trabalho, mas os açoites, consubstanciados em legítima tortura permitida pelo Estado e, por vezes, realizados por ele, não tornava a punição improdutiva, pelo contrário, implicava em produzir um modo de vida colonial e uma manutenção da ordem escravocrata. Trata-se, portanto, não apenas de questão econômica. A punição na escravidão, assim como no capitalismo, também produz poder e vigilância.[129]

Dora Lucia Bertulio, ao abordar o direito e as relações sociais no Brasil, principalmente através da construção da identidade nacional, explica o papel do sistema jurídico brasileiro que, para além do discurso liberal, se caracteriza pela

---

128 GORENDER, Jacob. **O Escravismo Colonial**. 6 ed. São Paulo: Perseu Abramo, 2016, p. 103.

129 Gorender refere que na escravidão há um alto custo com a vigilância, o que a diferencia do custo de vigilância em outros modos de produção, haja vista que no modo de produção escravagista a vigilância se consubstanciava em impedir a fuga dos escravizados, em capturas, em manter a força de trabalho e em aplicar castigos. Para o autor, nesse alto custo de vigilância também deveriam ser computados os dias que o escravizado açoitado perderia de trabalho ou os dias que se mantinham fugitivos. (GORENDER, Jacob. **O Escravismo Colonial**. 6 ed. São Paulo: Perseu Abramo, 2016, p. 101.) No entanto, a visão do autor acaba por ser estritamente economicista, esquecendo-se que os rituais punitivos na colônia, com a figura do senhor e do capataz, se prestam também a criar uma narrativa de saber e poder. A produtividade da vigilância do modo de produção escravagista se verifica na própria manutenção da ordem colonial.

ação de limitação dos espaços, principalmente do negro, através dos Códigos de Postura que impediam a exteriorização cultural e dos costumes africanos.[130] Tal iniciativa demonstrava ao negro brasileiro a sensação de não pertencimento, visto o apagamento cultural perpetrado pela dominação cultural europeia.

Outrossim, deve-se fazer o apontamento de que não só se forja a perpetuação do racismo pelo discurso da liberdade, como também o próprio liberalismo não negou nem afastou de sua retórica a escravidão que ocorria nas colônias. Inclusive, o liberalismo, ao passo que pregava a liberdade dos metropolitanos, dos brancos e dos europeus, também legitimava a escravidão, denominando os africanos e os povos originários das colônias europeias como selvagens que, por sua natureza, eram escravos que não conheciam a liberdade. A propósito, o liberalismo dos abolicionistas bem conviveu com a escravidão, tanto é que pretendia aboli-la gradualmente e sempre mediante decretos e leis de políticas de controle da população liberta.

Diferente do que defende Gizlene Neder, de que o liberalismo no Brasil foi tardio,[131] pois apesar do discurso, mantinha-se o regime de escravidão, entende-se, nesta obra, como é equivocada a ideia de que a economia escravagista não se coadunva com o liberalismo. Pelo contrário, o liberalismo não se restringe ao trabalho livre; fazer do corpo negro mercadoria, a chamada escravidão moderna que tem amparo racial, se conecta perfeitamente ao liberalismo no entendimento de Domenico Losurdo, Alfredo Bosi, Roberto Schwarz e Antonio Paim. Sobre o encontro entre escravidão e liberalismo, Susan Buck-Morss declara que:

> Na França, mais de 20% da burguesia dependia de atividades comerciais ligadas à exploração de mão de obra escrava. Era em meio a essa transformação que escreviam os pensadores do iluminismo francês. Enquanto idealizavam populações coloniais com mitos do bom selvagem (os "índios" do "Novo Mundo"), o sangue vital da economia escravista não lhes importava.[132]

---

130 BERTULIO, Dora Lúcia de Lima. **Direito e Relações Sociais**: Uma introdução crítica ao racismo. Dissertação (Mestrado em Direito) - Universidade Federal de Santa Catarina, Florianópolis, 1989, p. 39.

131 NEDER, Gizlene. **Iluminismo Jurídico-Penal Luso-Brasileiro**: Obediência e submissão. 2 ed. Revan: Rio de Janeiro, 2007, p. 189.

132 BUCK-MORSS, Susan. **Hegel e o Haiti**. Tradução de Sebastião Nascimento. São Paulo: N-1 edições, 2017, pp. 49-50.

Buck-Morss cita que mesmo Rousseau, propulsor da Revolução Francesa, ao passo que abominava a instituição da escravidão, era omisso quanto à escravidão instituída nas colônias pelos próprios europeus. A autora refere que esta omissão foi denunciada por Luis Sala-Molins apenas em 1987, ao abordar a história do iluminismo a partir do *Code Noir*, que era o código legislativo francês aplicado aos negros escravizados nas colônias.[133] Assim, ao mesmo tempo que os ideias iluministas rechaçavam a escravidão, omitiam a vigência de um código, somente extinto em 1848, que não só legalizava a escravidão, mas também a tortura praticada contra os escravizados nesse regime. Tanto é assim que o Código Penal de 1930, ainda que influenciado pelo pensamento liberal de Beccaria, muito bem se articulava com o regime escravocrata e com a punição e controle dos escravizados.[134]

Como visto, a construção da raça, em que o negro é o racializado ao passo que o branco tende a se colocar fora do processo de racialização, passa a ser condição de permissividade do exercício do poder de matar que hoje se opera e que foi estruturado pela experiência do colonialismo. A história da América Latina, especialmente no caso brasileiro, está imbricada ao Atlântico Negro, às cidades negras, à escravidão e ao movimento abolicionista que implicou em novas formas de controle sobre o corpo encoberto de significações que abarcam o que é ser negro.

O fim do domínio territorial colonial não significou o fim de seus efeitos, pelo contrário, "os conflitos de poder e os regimes de poder-saber continuaram e continuam nas noções pós-coloniais".[135] A partir dessa percepção é possível verificar que a Independência, a abolição e a República não se deram a partir de rupturas, mas de continuidade, pois ainda há a manutenção da clausura colonial.[136] Houve, portanto, um não-evento.

---

133 BUCK-MORSS, Susan. **Hegel e o Haiti**. Tradução de Sebastião Nascimento. São Paulo: N-1 edições, 2017, p. 51.

134 BATISTA, Vera Malaguti. **O Medo na Cidade do Rio de Janeiro**: Dois tempos de uma história. 2 ed. Rio de Janeiro: Revan, 2014, p. 32.

135 MIRANDA, Isabella. A Necropolítica Criminal Brasileira: Do epistemicídio criminológico ao silenciamento do genocídio racializado. **Revista Brasileira de Ciências Criminais**. v. n. 135, set., p. 245, 2017.

136 MBEMBE, Achille. **Sair da Grande Noite**: Ensaio sobre a África descolonizada. Tradução de Fábio Ribeiro. Rio de Janeiro: Vozes, 2019, p. 71.

Referências Bibliográficas

AGAMBEN, Giorgio. **O que Resta de Auschwitz**: O arquivo e a testemunha (Homo Sacer III). Tradução de Silvino J. Assmann. São Paulo: Boitempo, 2008.

ALONSO, Angela. **Flores, Votos e Balas**: O movimento abolicionista brasileiro (1868-88). São Paulo: Companhia das Letras, 2015.

BAKOS, Margaret Marchiori. **Rio Grande do Sul**: A abolição da escravatura em nome da ordem e progresso. A escravidão negra na província de Goiás. Acervo Arquivo Nacional. Rio de Janeiro, v. 3. n. 1, p. 71-81, jun./jul., 1988.

BATISTA, Vera Malaguti. **O Medo na Cidade do Rio de Janeiro**: Dois tempos de uma história. 2 ed. Rio de Janeiro: Revan, 2014.

BERTULIO, Dora Lúcia de Lima. **Direito e Relações Sociais**: Uma introdução crítica ao racismo. Dissertação (Mestrado em Direito) - Universidade Federal de Santa Catarina, Florianópolis, 1989.

BORGES, Juliana. **O que é Encarceramento em Massa?** Belo Horizonte: Letramento, Justificando, 2018.

BOSI, Alfredo. **Dialética da Colonização**. São Paulo: Companhia das Letras, 1992.

BRANDÃO JUNIOR, F. A. **A escravatura no Brazil, Precedida d'um artigo sobre agricultura e colonisação no Maranhão**. Tese (Doutorado em Ciências Naturais). Bruxellas. Universidade de Bruxelas: 1865.

BUCK-MORSS, Susan. **Hegel e o Haiti**. Tradução de Sebastião Nascimento. São Paulo: N-1 edições, 2017.

CARNEIRO, Aparecida Sueli. **A Construção do Outro como não-ser como Fundamento do Ser**. Tese (Doutorado em Educação). Universidade de São Paulo, São Paulo, 2005.

CHALHOUB, Sidney. **Visões da Liberdade**: Uma história das últimas décadas da escravidão da Corte. Tese (Doutorado em História). Universidade Estadual de Campinas, São Paulo, 1989.

CHALHOUB, Sidney. **Visões de Liberdade**: Uma história das últimas décadas da escravidão na Corte. São Paulo: Companhia das Letras, 2011.

COSTA, Emília Viotti da. **A Abolição**. 9 ed. São Paulo: UNESP, 2010.

DUARTE, Evandro Piza. **Criminologia e Racismo**. 2 ed. Curitiba: Juruá, 2017.

DUARTE; Evandro Piza; QUEIROZ, Marcos Vinícius Lustosa; COSTA, Pedro Argolo. A Hipótese Colonial, um diálogo com Michel Foucault: A modernidade e o Atlântico Negro no centro do debate sobre racismo e sistema penal. **Univesitas Jus**. v. 27. n. 2, 2016.

FANON, Frantz. **Os Condenados da Terra**. Tradução de Enilce Albergaria Rocha e Lucy Magalhães. Juiz de Fora: UFJF, 2015.

FARIAS, Juliana Barreto; GOMES, Flávio dos Santos; SOARES, Carlos Eugênio Líbano; ARAÚJO, Carlos Eduardo Moreira de. **Cidades Negras**: africanos, crioulos e espaços urbanos no Brasil escravista do século XIX. 2 ed. São Paulo: Alameda, 2006.

FLAUZINA, Ana Luiza. **Corpo Negro Caído no Chão**: O sistema penal e o projeto genocida do Estado Brasileiro. Dissertação (Mestrado em Direito) - Universidade de Brasília, Brasília, 2006.

FOUCAULT, Michel. **Em Defesa da Sociedade**: Curso no Collège de France (1975 – 1976). Tradução de Maria Ermantina Galvão. 2 ed. São Paulo: Martins Fontes, 2010.

FOUCAULT, Michel. **Microfísica do Poder**. Tradução de Angela Loureiro de Souza. Rio de Janeiro: Paz e Terra, 2016.

GAUER, Ruth Maria Chittó. **A Construção do Estado-nação Brasil**: A contribuição dos egressos de Coimbra. Curitiba: Juruá, 2001.

GORENDER, Jacob. **A Escravidão Reabilitada**. São Paulo: Expressão Popular, 2016.

GORENDER, Jacob. **O Escravismo Colonial**. 6 ed. São Paulo: Perseu Abramo, 2016.

LEAL, Luiz Francisco da Câmara. **Considerações e Projecto de Lei para Emancipação dos Escravos**: Sem prejuízo de seus senhores, em grave ônus para o Estado. Rio de Janeiro: Biblioteca do Senado Federal, 1866.

LORDE, Audre. **Mulheres negras**: As ferramentas do mestre nunca desmantelarão a casa do mestre. Tradução de Renata. Geledés, 2013. Disponível em: https://www.geledes.org.br/

mulheres-negras-as-ferramentas-do-mestre-nunca-irao-desmantelar--a-casa-do-mestre/. Acesso em: 25 fev. 2021.

LOSURDO, Domenico. **Contra-História do Liberalismo**. São Paulo: Ideias & Letras, 2006.

MBEMBE, Achille. **Crítica da Razão Negra**. São Paulo: N-1 edições, 2018.

MBEMBE, Achille. **Necropolítica**. Tradução de Renata Santini. São Paulo: N-1 edições.

MBEMBE, Achille. **Políticas de Inimizade**. Lisboa: Antígona, 2017.

MBEMBE, Achille. **Sair da Grande Noite**: Ensaio sobre a África descolonizada. Tradução de Fábio Ribeiro. Rio de Janeiro: Vozes, 2019.

MIRANDA, Isabella. A Necropolítica Criminal Brasileira: Do epistemicídio criminológico ao silenciamento do genocídio racializado. **Revista Brasileira de Ciências Criminais**. v. n. 135, set., p. 245, 2017.

NABUCO, Joaquim. **Manifesto da Sociedade Brasileira contra a Escravidão**. Rio de Janeiro, 1880.

NABUCO, Joaquim. **O Abolicionismo**. Rio de Janeiro: BestBolso, 2010.

NASCIMENTO, Abdias. **O genocídio do Negro Brasileiro**: Processo de um racismo mascarado. 3. ed. São Paulo: Perspectiva, 2016.

NEDER, Gizlene. **Iluminismo Jurídico-Penal Luso-Brasileiro**: Obediência e submissão. 2 ed. Revan: Rio de Janeiro, 2007.

PAIM, Antonio. **História do Liberalismo Brasileiro**. 2 ed. rev. e ampl. São Paulo: LVM, 2018.

PATROCÍNIO, José. **A Campanha Abolicionista**. Rio de Janeiro: Obliq Clássicos, 2013.

PIZA, Edith. **Adolescência e Racismo**: Uma breve reflexão. An. 1º Simpósio Internacional do Adolescente. Maio 2005. Disponível em: http://www.proceedings.scielo.br/scielo.php?pid=MSC0000000082005000100022&script=sci_arttext. Acesso em: 07 out. 2019.

RODRIGUES, Nina. **As Raças Humanas e a Responsabilidade Penal no Brasil**. Rio de Janeiro: Centro Edelstein de Pesquisas Sociais, 2011.

ROLNIK, Suely. **Esferas da Insurreição**: Notas para uma vida não cafetinada. São Paulo: n-1 edições, 2018.

SCHWARCZ, Lilia Mortiz. **Sobre o Autoritarismo Brasileiro**. São Paulo: Companhia das Letras, 2019.

SCHWARZ, Roberto. **Ao Vencedor as Batatas**: Forma literária e processo social nos inícios do romance brasileiro. 6 ed. São Paulo: Editora 34, 2012.

SKIDMORE, Thomas E. **Preto no Branco**: Raça e nacionalidade no pensamento brasileiro. Tradução de Raul de Sá Barbosa. Rio de Janeiro: Paz e Terra, 1976.

SPIVAK, Gayatri Chakravorty. **Pode o Subalterno Falar?** Belo Horizonte: UFMG, 2018.

WILLIAMS, Eric. **Capitalismo e Escravidão.** Tradução de Carlos Nayfeld. Rio de Janeiro: América, 1975.

Gire o livro e (re)

começa a leitura

www.ingramcontent.com/pod-product-compliance
Lightning Source LLC
LaVergne TN
LVHW090402051026
849518LV00006B/2202
9786599150234

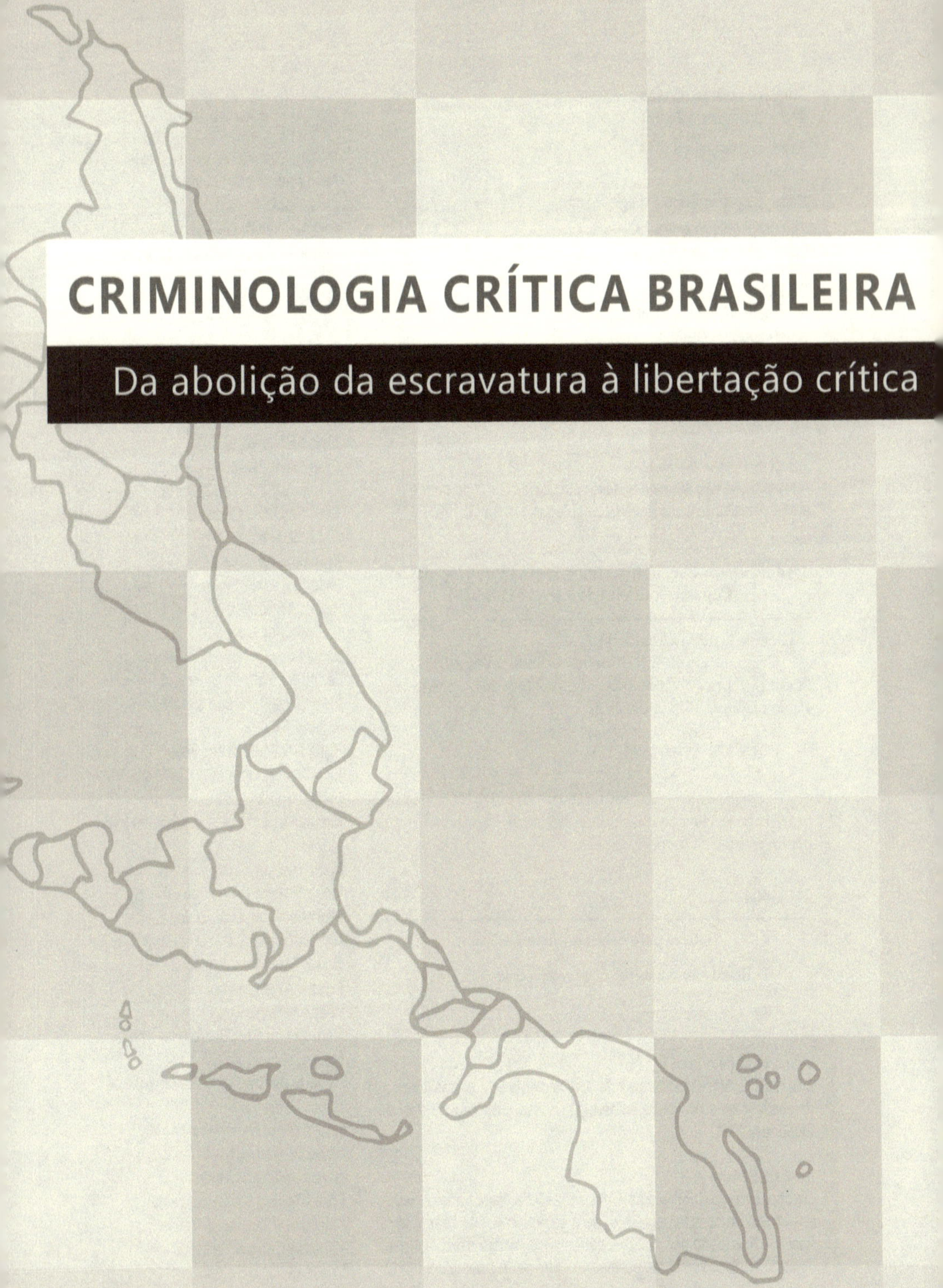

CRIMINOLOGIA CRÍTICA BRASILEIRA

Da abolição da escravatura à libertação crítica

Blimunda

Edição e revisão técnica
Bruna Schlindwein Zeni

Revisão ortográfica
Jana Araujo

Capa, projeto gráfico e diagramação
Fabricando Ideias Design Editorial
fabricando.ideias

Editora Blimunda
Rua Paim, 420, cj. 55 - Bela Vista
São Paulo/SP - CEP 01306010
www.editorablimunda.com.br
contato@editorablimunda.com.br
editorablimunda

Dados Internacionais de Catalogação na Publicação (CIP)
(Câmara Brasileira do Livro, SP, Brasil)

Medeiros, Vanessa Cerezer de
Criminologia crítica brasileira : da abolição da escravatura à libertação crítica / Vanessa Cerezer de Medeiros. – 1. ed. – São Paulo : Editora Blimunda, 2021.

ISBN 978-65-991502-3-4

1. Abolicionismo 2. Criminologia - Brasil 3. Decolonialismo 4. Interseccionalidade. 5. Processo penal - Brasil 6. Sistema penitenciário I. Título.

21-56404 CDU-343.9(81)

Índices para catálogo sistemático:

1. Brasil : Criminologia : Direito penal 343.9(81)

Aline Graziele Benitez - Bibliotecária - CRB-1/3129

Como citar este livro
MEDEIROS, Vanessa Cerezer de. Criminologia crítica brasileira: da abolição da escravatura à libertação crítica. São Paulo: Editora Blimunda, 2021.

Nota da Editora
Os capítulos de Criminologia Crítica Brasileira, aqui transformados em partes, se complementam e, ao mesmo tempo, se basta(ria)m. Assim, não importa por qual das partes você iniciará a leitura – nem se pretende ler só uma das partes –, a outra parte a complementará.

Por isso, esse projeto gráfico ousado, de dois livros em um. Esperamos que aprecie!

Vanessa Cerezer de Medeiros

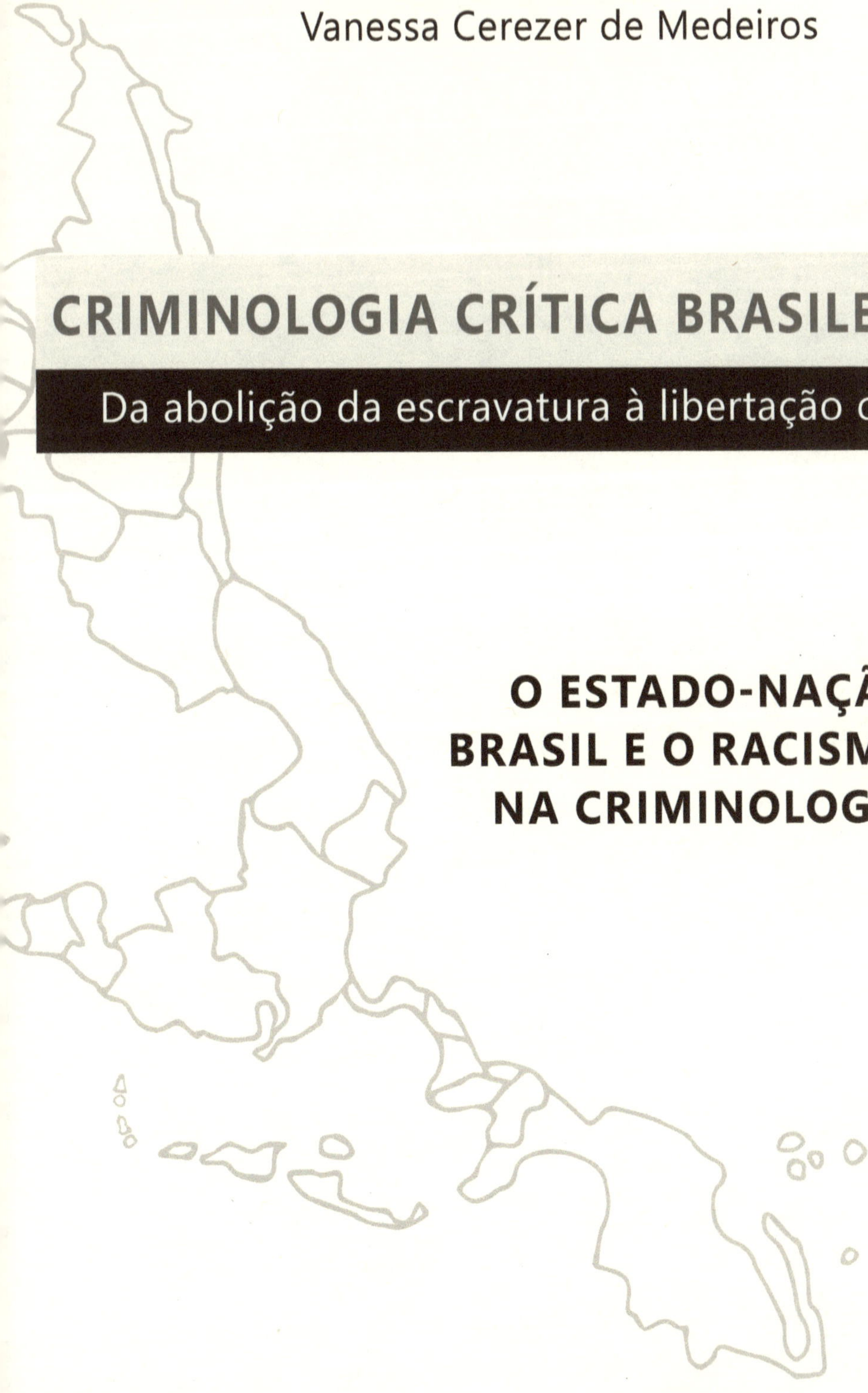

CRIMINOLOGIA CRÍTICA BRASILEIRA

Da abolição da escravatura à libertação crítica

O ESTADO-NAÇÃO BRASIL E O RACISMO NA CRIMINOLOGIA

Blimunda

Foi então que uns brancos muito legais convidaram a gente prá uma festa deles, dizendo que era prá gente também. Negócio de livro sobre a gente, a gente foi muito bem recebido e tratado com toda a consideração. Chamaram até prá sentar na mesa onde eles estavam sentados, fazendo discurso bonito, dizendo que a gente era oprimido, discriminado, explorado. Eram todos gente fina, educada, viajada por esse mundo de Deus. Sabiam das coisas. E a gente foi sentar lá na mesa. Só que tava cheia de gente que não deu prá gente sentar junto com eles. Mas a gente se arrumou muito bem, procurando umas cadeiras e sentando bem atrás deles. Eles tavam tão ocupados, ensinando um monte de coisa pro crioléu da plateia, que nem repararam que se apertasse um pouco até que dava prá abrir um espaçozinho e todo mundo sentar na mesa. Mas a festa foi eles que fizeram, e a gente não podia bagunçar com essa de chega prá cá, chega prá lá.

Lélia Gonzales – Cumé que a gente fica?[1]

1 GONZALES, Lélia. Racismo e Sexismo na Cultura Brasileira. In: **Revista Ciências Sociais Hoje**. Brasília: Anpocs, 1984, p. 223-244.

Sumário

Prefácio

A excelente dona Inácia era mestra na arte de judiar de crianças. Vinha da escravidão, fora senhora de escravos — e daquelas ferozes, amigas de ouvir contar o bolo e estalar o bacalhau. Nunca se afizera ao regime novo — essa indecência de negro igual a branco; e qualquer coisinha: a polícia! [...] O 13 de Maio tirou-lhe das mãos o azorrague, mas não lhe tirou da alma a gana. Conservava Negrinha em casa como remédio para os frenesis. Simples derivativo: [...] Era pouco, mas antes isso do que nada. Lá de quando em quando vinha um castigo maior para desobstruir o fígado e matar saudades do bom tempo.

Monteiro Lobato[1]

Prefácio é uma seção que, não raro, pulamos ao iniciar um livro. Por isso, os mais afobados não devem ser censurados e, se porventura, leem as primeiras linhas deste preâmbulo, podem se sentir à vontade para saltar direto ao texto da autora, porque é ela quem merece toda atenção. Para aqueles que valorizam as antecâmaras dos eventos — que, como eu, gostam de chegar mais cedo ao cinema, para se aclimarem à sala escura — e sussurrarem ponderações críticas aos trailers —, talvez seja válido se demorarem um pouco mais aqui.

Um prefácio também pode servir de contextualização.

A dinâmica de colonização de muitas regiões do mundo e a subsequente constituição de uma inédita (id)entidade europeia — a partir da necessidade de se considerar um conjunto diverso e superior após enfrentar e dominar outros continentes — criaram a oportunidade de que uma perspectiva teórica sobre raças servisse para naturalizar as relações coloniais

1 *In*: MORICONE, Ítalo. **Os cem melhores contos brasileiros do século**. Rio de Janeiro: Objetiva, 2000 (fragmento).

entre europeus e não europeus. Embora não possa se referir a todas as formas de conhecimento desenvolvidas por todo o continente europeu por todas as épocas, e ainda que exista quem afirme que algumas de suas raízes são mais antigas, dá-se o nome de eurocentrismo à perspectiva de conhecimento hegemônica, cuja formação sistemática se iniciou na Europa ocidental na primeira metade do século XVII. O eurocentrismo se baseou em dois principais mitos fundadores: (i) a premissa de que a história da civilização humana era uma trajetória que partia de um estado de natureza e culminava na civilização europeia ocidental e (ii) uma visão de que as diferenças entre europeus e não europeus decorriam de diferenças naturais/raciais — e não das consequências de uma história do poder. Foi a associação desses dois mitos que sustentou a perspectiva evolucionária de um movimento linear, unidirecional e progressivo na história humana, e também a classificação racial e espacial da população mundial. A raça se tornou, então, uma doutrina útil à tecnologia do poder porque oferecia um critério para a distribuição de novas identidades sociais da população mundial em posições, lugares e papeis na nova estrutura de poder da sociedade moderna, permitindo novas formas de controle e exploração no capitalismo colonial.

A partir disso, a questão que se coloca é se a ideia de raça, transplantada da criminologia europeia para a nossa margem, inaugurou uma forma de violência na América Latina ou se foi uma forma de conferir legitimidade às ideias e práticas já estabelecidas de relações de superioridade/inferioridade entre dominadores/dominados. É isso que a autora se propôs a responder em seus escritos.

Seu argumento principal é que a criminologia positivista para cá transplantada não inaugurou o racismo nas relações sociais e no poder punitivo brasileiro. Em vez disso, sua matriz discursiva foi instrumental para a racionalidade e a estrutura colonial, justificando cientificamente o processo de escravização e criminalização da população negra. Esse argumento é desenvolvido em dois planos distintos, porém conexos.

Para verificar a manutenção da narrativa colonial (o já-dito na colônia), a autora analisa, no primeiro livro, os ditos e não-ditos dos discursos da elite abolicionista (que capturou o protagonismo da luta abolicionista), das leis de adiamento da liberdade dos escravizados, das leis complementares à Lei Áurea e do controle penal pós-abolição. Apesar de se sustentarem em

matrizes liberais, os enunciados dos discursos e da legislação abolicionista mantiveram, expressa ou implicitamente, a mesma racionalidade racializada e escravocrata de antes. Isso fica bastante evidente, como bem observa o texto, quando se explicita que os parlamentares abolicionistas demonstravam mais preocupação com indenizações aos senhores, sem qualquer proposição de políticas públicas — assistencialistas, indenizatórias — aos escravizados.

Neste segundo livro, a autora se dedica à análise da tentativa de construção histórica promovida pela "criminologia da libertação". Preocupada em denunciar as inadequadas importações teóricas positivistas europeias, a criminologia da libertação se sustentou no argumento de que as teorias para cá transplantadas *moldaram* o controle na América Latina. A autora explica como, ao contrário, essas teorias se *amoldaram* à realidade e às pretensões coloniais, sem rompimento com o processo de abolição da escravatura. Em outras palavras, as traduções criminológicas positivistas legitimaram o racismo já estruturado nas relações sociais no Brasil desde a colônia. Fizeram-no fornecendo cientificidade à estrutura social brasileira, possibilitando particularmente que a criminologia se tornasse a base científica para o novo processo de criminalização: "invisíveis, mas a todo tempo alvos", escreve a autora, "os negros passaram de escravos a criminosos". O problema, bem identificado por ela, deriva da própria premissa dessa corrente criminológica, na qual a questão de classe é vista como a principal opressão a ser compreendida e debatida; a obsessão pela estrutura socioeconômica, porém, levou à falta de percepção da estrutura racial (e de gênero).

***

Além de contextualização e apresentação, um prefácio também pode ser o souvenir da solitária trajetória da pesquisa: concede-se espaço para a escritora que serviu de marco teórico ao estudo, para o professor que acompanhou todo o desenvolvimento da pesquisa que agora se faz livro, ou para aquele que, em algum momento, pegou o bonde andando e, na brevidade do encontro, teceu alguns comentários que marcaram quem os ouviu. Foi assim e aí que entrei na história: com um convite para integrar a banca de mestrado de Vanessa.

O texto da Vanessa me encantou desde o princípio. Talvez porque sua leitura me fez recordar do conto *Negrinha*, de Monteiro Lobato, de onde se extraiu o excerto reproduzido logo no início. Publicado em 1920, o conto narra a história de uma menina nascida na senzala e filha de escrava no contexto de pós-abolição da escravatura. Na fazenda onde vive, propriedade de uma velha e sádica senhora branca, Negrinha sofre todos os tipos de maus-tratos como uma forma de se dar continuidade às relações escravagistas anteriores. (Curioso e paradoxal é o fato de Monteiro Lobato ter denunciado com tamanha clarividência a permanência de uma estrutura social violenta e racista, sendo ele — como hoje o sabemos — defensor da eugenia, com diversos indícios racistas em seus escritos.) Mas, ele certamente me encantou porque, sem perder a conexão entre passado e presente, a autora demonstra claramente como nossa própria história foi falsificada, ocultando um projeto de nação que sempre pretendeu excluir o negro e as violências utilizadas para tanto, com a contribuição de algumas teorizações criminológicas para esse falseamento.

O que Vanessa faz, portanto, é dizer o não-dito do processo histórico, político e criminológico de controle da população negra. O dito pode ser sintetizado neste trecho, que ficou gravado nas minhas reflexões: "Se antes o controle do corpo negro era realizado dentro dos limites das fazendas, após a abolição da escravatura, com apoio das teorias raciais científicas, o Estado tomou para si o controle da população negra através de processos de embranquecimento do país e processos de criminalização." Isso parece óbvio. Mas não é nada simples fundamentar e articular os argumentos para que se evidencie essa dinâmica necropolítica — algo que Vanessa faz com maestria.

Não existe Criminologia Brasileira, de iniciais maiúsculas, e espero que nunca venha a existir.[2] Todavia, existe uma criminologia brasileira em construção, cujas obras são referenciadas logo na introdução. Se Vanessa não se incluiu por modéstia ou para fugir do problema de catalogar a si própria no catálogo que apresenta (paradoxo de Russell), eu não sei. Mas é certo que este livro deve ser incluído no rol dos estudos criminológicos essencialmente

2 Os argumentos não cabem nesta apresentação, portanto remeto a um artigo meu que deve ser publicado contemporaneamente a este livro: How international should International Criminology be?, *International Criminology* 1(1).

brasileiros — entre aqueles que devem ser lidos, relidos, debatidos, citados etc. para a compreensão das nossas próprias violências.

“Chiu!”, me adverte alguém. “Basta para um prefácio.”

Com a palavra, Vanessa Cerezer de Medeiros!

Leandro Ayres França
Outubro de 2020.

Olhei no espelho, Ícaro me encarou
"Cuidado, não voa tão perto do sol
Eles num 'guenta te ver livre, imagina te ver rei"
O abutre quer te ver de algema pra dizer
"Ó, num falei?"

Emicida

O ESTADO-NAÇÃO BRASIL E O RACISMO NA CRIMINOLOGIA

Essa parte da obra é dedicada a demonstrar como a ausência da ruptura com a estrutura racializada, modelada desde a Conquista, desembocou na reinterpretação da história brasileira, consubstanciada em apagamentos, eufemismos, mitos e embranquecimento.

Faz-se necessário compreender que a criminologia positivista encontrou terreno fértil na Primeira República, tendo como objeto de estudo, mais do que a questão criminal, a nação brasileira e o ideal de identidade que estava sendo construído. Nessa esteira, evoco Nina Rodrigues, principal e mais conhecido autor da criminologia positivista no Brasil; Clóvis Bevilaqua,[1] responsável pelo primeiro texto sobre criminologia no Brasil (*Criminologia e Direito*), e ainda outros autores que, ao pretenderem tratar da questão criminal, demonstraram maior preocupação com qual cor teria a nação brasileira.

Depois disso, Gilberto Freyre e Sérgio Buarque de Holanda, dois autores que se propuseram a discorrer sobre a história da escravidão no Brasil e sobre a colonização protagonizada pelos portugueses, ambos interessados em construir uma identidade nacional, responsáveis pelos mitos da democracia racial e do homem cordial. Assim, tomando como marco temporal a Primeira República, constato que a escrita da história no Brasil foi marcada pela tentativa de encobrir a violência colonial.

Assim, poderão ser identificadas as nuances não percebidas pela Nova Criminologia, ou criminologia da libertação, ao diagnosticar as traduções/importações da criminologia positivista europeia como dissonantes à nossa cultura e à nossa questão criminal. Nesse contexto, embora a nova criminologia tenha como objetivo a libertação, verificar-se-á como os não ditos

---

1 No prefácio de *Criminologia e Direito*, Vera Malaguti Batista menciona que o livro escrito por Clóvis Bevilaqua: "é o primeiro livro de Criminologia da América Latina. Para muitos juristas é surpreendente que o grande civilista brasileiro tenha sido pioneiro na introdução da Criminologia como disciplina no continente. Rosa del Olmo, ao escrever a história da Criminologia na Pátria Grande, começa pelo livro de Bevilaqua e pela introdução da Criminologia Clínica na Argentina por Ignenieros." (BATISTA, Vera Malaguti. **Criminologia e Direito**. Prefácio. Rio de Janeiro: Revan, 2019.) É por esta razão que o texto do autor foi escolhido para a análise do discurso metodológico da Primeira República, juntamente com Nina Rodrigues.

mantiveram, em realidade, os apagamentos que permitiram reinterpretações dos motivos pelos quais se buscou importar as teorias criminológicas positivistas que, muito antes de moldar o controle na América Latina, muito bem se amoldaram à realidade e às pretensões coloniais que não se romperam com a abolição da escravatura.

Em realidade, verifica-se que a ruptura pretendida pela nova criminologia se resumia à necessidade de se libertar da criminologia tradicional, do pensamento criminológico positivista europeu, em busca de uma criminologia própria, sem a necessária denúncia da estrutura racial da sociedade brasileira. Isso se deve, em certa medida, ao fato de que os discursos abolicionistas da escravatura, abordados na primeira parte desta obra, juntamente com todos os eufemismos após a abolição, construíram discursivamente a identidade e a cultura brasileiras, sempre no intuito de mascarar o racismo nas relações sociais.

Esses discursos sobre libertação, e esta é uma hipótese, quando utilizam termos que evocam o rompimento com o passado, têm aproximações com a ideia de progresso e de independência cultural, nacional e científica.

Criminologia e Racismo na Construção da Identidade Nacional

A iniciativa da construção de uma identidade brasileira, precisamente na Primeira República, deu-se, além das questões territoriais e populacionais, por um sistema de representações.[2] O mito do descobrimento e da fundação do Estado-nação brasileiro se constituiu através de construções imaginárias que se moldaram a partir de apagamentos e narrativas de rupturas, eventos históricos lineares na construção de uma memória histórica brasileira. Quanto à construção do Estado-nação no Brasil, Ruth Gauer explana que:

> A historiografia brasileira tem, ao longo dos séculos XIX e XX, procurado explicar a substancialidade nacional reatualizando o mito, metáfora de uma identidade imaginada. O evento fundador vincula-se à necessidade de criar um sistema de representações que permitisse aos cidadãos brasileiros participarem da ideia de pertencimento. O discurso — a maneira como foi construído o

---

2 GAUER, Ruth Maria Chittó. **A Construção do Estado-Nação no Brasil**: A contribuição dos egressos de Coimbra. Curitiba: Juruá, 2001, p. 15.

> sentido que influenciou e organizou as ações e as concepções que temos de nós — inscreve-se na história da fundação do Estado.[3]

Nesse sentido, os mitos que deram ensejo ao que era ser brasileiro, principalmente os que se referem ao homem cordial e à democracia racial, que serão oportunamente abordados, dão novas roupagens à colonização que se praticou em solo brasileiro. No intuito de construir uma memória de não violência na constituição da nação brasileira, embasada em raízes escravocratas e genocidas, foram feitas reconstruções históricas, proporcionadas principalmente por representações artísticas e literárias, do que viria a ser a fundação do Estado-nação do Brasil na Primeira República.

Para ilustrar o peso do saber na construção da identidade brasileira, Marisa Corrêa, ao referir-se à elite intelectual brasileira, explica que:

> Definindo-se como observadores da realidade nacional, e como seus críticos imparciais, os intelectuais brasileiros desse período, ao mesmo tempo que definem o restante da população como seus objetos privilegiados de análise, se constituem também como categoria social. E de certa forma se separam da sociedade em que viviam, ao elegerem a raça como primeiro critério de nacionalidade.[4]

A autora, ainda, acrescenta que "tornar-se nativo parece ter sido o problema principal dos intelectuais brasileiros dos anos 70 do século passado".[5] Alfredo Bosi, referindo-se ainda ao período colonial, indica o papel do intelectual na dialética entre colonizado *versus* colonizador:

> Olhando de fora e de cima o jogo da competição venal, o homem culto assentado nos vários degraus hierárquicos se constitui idealmente a si mesmo.

---

3 GAUER, Ruth Maria Chittó. **A Construção do Estado-Nação no Brasil**: A contribuição dos egressos de Coimbra. Curitiba: Juruá, 2001, p. 255.

4 CORRÊA, Mariza. **As Ilusões da Liberdade**: A escola Nina Rodrigues e a Antropologia no Brasil. 2 ed. rev. Bragança Paulista: Editora da Universidade São Francisco, 2001, p. 31-32.

5 CORRÊA, Mariza. **As Ilusões da Liberdade**: A escola Nina Rodrigues e a Antropologia no Brasil. 2 ed. rev. Bragança Paulista: Editora da Universidade São Francisco, 2001, p. 33.

> É a autoposizione gramsciana, que isenta da guerra suja do lucro e aparta todo um grupo social da mercancia e do trabalho manual. A esse desdém, de natureza estamental, soma-se o correlato prejuízo racial contra o judeu: e, na Colônia, contra o mestiço. Um é mercado, o outro tem sangue de escravo.[6]

No período em que as luzes faziam críticas ao antigo regime, a natureza passa a ser utilizada como determinadora das igualdades sociais. Na República não seria diferente; principalmente pela história desigual de colonialidade, o Brasil necessitava de um saber que impedisse questionamentos sobre a estrutura social brasileira que estava em formação. Nesse aspecto:

> O que move o discurso é o caráter inventivo do procedimento analógico. O orador extrai sempre novas razões equitativas da natureza: daquela mesma natureza que daria, mais tarde, à retórica do puro capitalismo liberal razões simetricamente opostas: a um Rui Barbosa, por exemplo, a desigualdade social parecerá legitimada pelo modelo biológico pelo qual são tão diferentes entre si as espécies vegetais e animais [...].[7]

Nessa perspectiva, também se pode perceber como o controle da natureza acaba por transportar-se pelo controle do próprio homem e, trazendo à tona o pensamento de Foucault,[8] também legitima o controle da população através do aspecto biológico. E é nessa mesma toada que a criminologia positivista internacionaliza o discurso médico para embasar a hierarquização racial que já existia no discurso do colonialismo. No Brasil, essa governabilidade da população através do aspecto biológico se torna mais latente ao se perceber como a intelectualidade brasileira, principalmente na Primeira República, estava diretamente ligada à atividade política. Mariza Corrêa, ao preocupar-se com a identificação da intelectualidade brasileira, aponta que:

---

6 BOSI, Alfredo. **Dialética da Colonização**. Companhia das Letras: São Paulo, 1992, p. 100.

7 BOSI, Alfredo. **Dialética da Colonização**. Companhia das Letras: São Paulo, 1992, p. 129.

8 FOUCAULT, Michel. **Em Defesa da Sociedade**: Curso no Collège de France (1975 – 1976). Tradução de Maria Ermantina Galvão. 2 ed. São Paulo: Martins Fontes, 2010.

> Aqui a colônia somos nós e a passagem de objetos do poder colonial a sujeitos da soberania nacional coincide com a fundamentação de instituições do saber onde a antropologia vai aos poucos se constituir, o que não deixará de ter consequências em sua história interna. O processo de transformação do intelectual brasileiro num nativo em sua própria terra foi sempre menor dentre as incoerências que marcaram as transformações relevantes ocorridas em nossa história política.[9]

Ao tempo concomitante em que a República estava se estabelecendo, objetivando caracterizar o cidadão eminentemente brasileiro, a intelectualidade tinha o papel, contemporâneo à época, de produzir essa identidade, ao passo que também se constituía como intelectualidade.[10]

No entanto, é possível perceber que se produziram reinvenções, reinterpretações e readaptações da história brasileira, notadamente com o olhar voltado à Europa. A continuidade discursiva entre o colonialismo e o saber produzido na América Latina já foi bem observado por Camila Prando, ao referir que:

> há um ponto comum na transposição dos discursos centrais do controle penal à América Latina. Eles foram instrumentalizados pelas posições das elites coloniais e pós-coloniais a fim de assegurar sua ascensão e permanência no poder. Para conquistarem o poder político nas colônias se utilizaram e reproduziram o discurso contratualista europeu, bem como para assegurar o poder conquistado, passaram a propagar o discurso positivista.[11]

Schwarcz aponta que um dos primeiros institutos criados no Brasil pós-independência foi o Instituto Histórico Geográfico, criado em 1838 e

---

9 CORRÊA, Mariza. **As Ilusões da Liberdade**: A escola Nina Rodrigues e a Antropologia no Brasil. 2 ed. rev. Bragança Paulista: Editora da Universidade São Francisco, 2001, p. 16.

10 CORRÊA, Mariza. **As Ilusões da Liberdade**: A escola Nina Rodrigues e a Antropologia no Brasil. 2 ed. rev. Bragança Paulista: Editora da Universidade São Francisco, 2001, p. 17.

11 PRANDO, Camila. **O Saber dos Juristas e o Controle Penal**: O debate doutrinário na Revista de Direito Penal (1933 – 1940) e a construção da legitimidade da defesa social. Tese (Doutorado em Direito) - Universidade Federal de Santa Catarina, Santa Catarina, 2012, p. 36.

comprometido com a questão histórica brasileira. A autora recorda que no ano de 1844 abriu-se um concurso público para que candidatos interessados em discorrer sobre a história do Brasil se dispusessem a reinventar uma história patriótica que mascarasse o passado. O edital colocava a questão "como se deve escrever a história do Brasil. A ementa era direta, não deixava margem para dúvidas. Tratava-se de inventar uma nova história *do* e *para* o Brasil".[12] Sobre essa tentativa de mascarar a violência da escravidão, Emília Viotti menciona que:

> A idealização da escravidão, a ideia romântica da suavidade da escravidão no Brasil, o retrato do escravo fiel e do senhor benevolente e amigo do escravo que acabaram por prevalecer na literatura e na história foram alguns dos mitos forjados pela sociedade escravista na defesa do sistema que não julgava possível prescindir.[13]

A história brasileira não só foi inventada como também foi otimizada pelos olhos da branquitude a partir desse único e estrito ponto de vista. Com base em algumas mitificações, tais como da cordialidade e da democracia racial, a igualdade pregada resultava na tentativa de apagar e negar o racismo colonial que marcaria o Brasil em sua formação. Esse empenho ainda é verificado ao final de 1940, quando a Unesco financiou uma pesquisa para comprovar a inexistência de discriminação racial em solo brasileiro. Consciente da hierarquização embasada na superioridade branca que justificou o genocídio, os campos de concentração, o apartheid na África do Sul,[14] os esforços do País se consubstanciavam em retirar o Brasil, discursivamente, do slogan da hierarquização racial, ao passo que mantinha as matrizes que pretendiam refutar. Mascara-se o racismo, portanto, para que se perpetue:

---

12 SCHWARCZ, Lilia Moritz. **Sobre o Autoritarismo Brasileiro**. São Paulo: Companhia das Letras, 2019, p. 13.

13 COSTA, Emília Viotti da. **Da Senzala à Colônia**. 5 ed. São Paulo: UNESP, 2010, p. 327-328.

14 SCHWARCZ, Lilia Moritz. **Sobre o Autoritarismo Brasileiro**. São Paulo: Companhia das Letras, 2019, p. 17.

> Durante o século XIX, o IHGB cumpriria seu papel, dando prosseguimento ao projeto de Martius. Altamente financiado pelo Império, o centro tratou de divulgar uma história grandiloquente e patriótica, mesmo que, por vezes, tivesse que sacrificar a pesquisa mais descomprometida para eleger textos que funcionavam como propaganda de Estado. A metáfora das três raças definiria, por um largo tempo, a essência e a plataforma do que significava fazer história do e sobre o Brasil. Ou melhor, um certo Brasil, uma determinada utopia, com a qual convivemos até os dias de hoje como se fosse realidade.[15]

Karl von Martius, mencionado na passagem acima, foi o vencedor do concurso público referido anteriormente, ocorrido no ano de 1844, para que editasse a história do Brasil. Martius era estrangeiro e defendia que o Brasil era um país de mistura racial, no qual se estabeleciam as condições de aperfeiçoamento das três raças humanas, que viviam em harmonia e igualdade.[16]

Basicamente, poderia se dizer que Martius compreendeu o Brasil como um campo de experimento científico para analisar como que as raças poderiam conviver pacificamente e se misturar sem que ocorressem degenerações ou a própria decadência da nação.

Os museus etnográficos brasileiros também se voltaram à questão racial e à mestiçagem na tentativa de introduzir a história do Brasil no exterior, tornando-o um laboratório racial. Com objetivo de tornar o Brasil um exemplo de aperfeiçoamento racial para o mundo:

> [...] introduziram os museus etnográficos do país um olhar particular. O olhar do naturalista que classifica conjuntamente a flora, a fauna e o homem em suas produções. "A perfectibilidade humana fará seu papel no Brasil, assim como a natureza não cessa de agir nas espécies vegetais e animais", dizia Von Ihering esperando em um aperfeiçoamento evolutivo para as desacreditadas populações mestiças e indígenas do país.[17]

---

15 SCHWARCZ, Lilia Moritz. **Sobre o Autoritarismo Brasileiro**. São Paulo: Companhia das Letras, 2019, p. 19.

16 SCHWARCZ, Lilia Moritz. **Sobre o Autoritarismo Brasileiro**. São Paulo: Companhia das Letras, 2019, p. 15.

17 SCHWARCZ, Lilia Moritz. **O Espetáculo das Raças**: Cientistas, instituições e questão racial no Brasil 1870-1930. São Paulo: Companhia das Letras, 1993, p. 127.

Esses breves apontamentos se fazem necessários para contrapor à ideia de que a criminologia positivista foi importada no Brasil de forma acrítica, reduzindo-a a traduções equivocadas, mal interpretadas e alienígenas à nossa cultura. Esse entendimento é defendido pela Nova Criminologia, ou Criminologia da Libertação, na América Latina, tendo como principais autoras Lola Anyiar de Castro e Rosa del Olmo, que tinham como preocupação denunciar as importações da criminologia positivista europeia e as distorções teóricas que foram feitas para que se encaixassem na realidade entendida como periférica.

Ocorre que este diagnóstico, por vezes, acaba ignorando o contexto brasileiro em que se assentava e se amoldava a criminologia positivista no período da Primeira República, momento em que a identidade da sociedade brasileira estava em formação. Nesse sentido, ainda que se reconheça a inequívoca influência de Cesare Lombroso e da escola criminal italiana nas obras de Nina Rodrigues, há que se verificar os discursos presentes na produção da criminologia positivista no Brasil para além da proposta de identificação do criminoso nato. Preliminarmente, dos textos de Nina Rodrigues se apreende o enaltecimento da sociedade europeia e sua preocupação com a formação da nação brasileira. No trecho a seguir, do prefácio ao texto "As raças humanas e a Responsabilidade Penal no Brasil", de Nina Rodrigues, Afrânio Peixoto explica que:

> Elle não quer fundar uma sciencia nova, realizar urna synthese philosophica, resolver uma destas incognitas tremendas que andam a desafiar todos os laboratorios e clinicas do mundo, — a tuberculose, o cancer, a lepra, a herança, a degeneração, a criminalidade. Não, apenas isto: elle se contenta em rever os problemas nacionaes do Brasil, os proble-mas regionaes para o Brasil. Os estrangei-ros leramno com curiosidade, bem explicada, nós o achamos surprehendente e original... Pois se aqui sabíamos de todo o mundo, me-nos de nós!... NINA RODRIGUES foi a seu modo um dos nossos descobridores. Sem tenções dobradas, um bandeirante pelas regiões inex-ploradas de assumptos nacionaes que estavam em ser no seu territorio, e, ai de nós ainda continuam para tantos outros...[18]

18 PEIXOTO, AFRÂNIO. Prefácio. *In*: RODRIGUES, Nina. **As Raças Humanas e a Responsabilidade Penal do Brasil**. 3. ed. São Paulo: Cia. Ed. Nacional, 1938, p. 09.

De forma preliminar, percebe-se que o criminoso não era o único objeto de estudo em Nina Rodrigues, mas o brasileiro também acabava por tornar-se objeto do estudo criminológico pela própria produção do conhecimento intentado pelos criminologistas brasileiros. Portanto, a percepção da criminologia enquanto ciência torna-se, no Brasil, propensa a tratar questões para além da preocupação com o estereótipo do criminoso. Como manutenção da linguagem colonial, a criminologia positivista passa a ter maior peso na busca da construção da sociedade brasileira idealizada a partir de estereótipos europeus, haja vista que alguns estudos focavam, a exemplo de Nina Rodrigues, a cultura e os povos originários a fim de caracterizá-los como um modelo de sociedade primitiva.

O contexto cultural em que se fortificou a criminologia positivista coincide com a abolição da escravatura e, consequentemente, com o surgimento de uma nova população marginalizada que seria constituída por "ex-escravizados" ou seus descendentes, motivo pelo qual o discurso do colonialismo se amoldava à sociedade brasileira, mesmo quando pretendia se mostrar República emancipada, porque embasava-se em teorias evolucionistas, o que permitia justificar a manutenção do controle sobre os classificados como humanos hierarquicamente inferiores. Nesse sentido, a partir de políticas de higienização, controle penal e saber médico, se pôde manter, em clausura colonial, aqueles que não podiam fazer parte da imagem da sociedade brasileira que se pretendia criar.

É nesse cenário que os povos autóctones e o negro brasileiro estão inseridos nos estudos dos criminologistas da época que, na busca por categorizar essas pessoas que não podiam ser consideradas membros da nova nação a ser construída, concederam-lhes status de inferiores ou de criminosos.

O fato de a criminologia positivista ter oferecido a base científica para o processo de criminalização, que teve o racismo como pilar estruturante do genocídio colonizador, mantendo as mesmas estruturas hierarquizantes, ao pretender se emancipar — inclusive intelectualmente — como colônia que era, acabou por utilizar das mesmas matrizes racistas que legitimaram e justificaram a colonização e o genocídio dos povos originários. No entanto, apesar de causar estranheza a alguns criminólogos, parece ter sido conveniente que se tenha importado o positivismo criminológico para manutenção dessa mesma racionalidade. O racismo está presente na sociedade brasileira

desde a Conquista e a escravatura e, mesmo com a abolição, não foi rompido e tampouco denunciado.

Essas importações se amoldaram à racionalidade colonial, impulsionando os programas de tecnologia governamentais na América Latina. No Brasil, uma das principais importações se deu pelas mãos de Nina Rodrigues que, ao traduzir os pensamentos dos positivistas franceses e italianos, legitimou a criminalização dos negros, fornecendo cientificidade à estrutura social brasileira com consequências históricas irreparáveis, as quais configuram a paisagem do nosso sistema penal carcerário.

No início de *Os Africanos no Brasil*, Nina Rodrigues utiliza uma citação de Sílvio Romero após o prefácio, na qual afirma que é uma vergonha que a ciência do Brasil não tenha estudado as línguas e as religiões africanas, pois "nós que temos o material em casa, que temos a África em nossas *cozinhas*, como a América em nossas *selvas*, e a Europa em nossos *salões*, nada havemos produzido nesse sentido".[19] O trecho bem demonstra o lugar dos negros, dos povos originários e do brancos em solo brasileiro, bem como aciona a necessidade de iniciar a objetificação do negro também dentro da ciência, ao mencionar que: "O negro não é só uma máquina *econômica*; ele é antes de tudo, e malgrado sua ignorância, um objeto de ciência".[20]

Destaca-se que Nina Rodrigues começou a se preocupar com a questão do negro brasileiro após abolição da escravatura, momento em que o país necessitava justificar a manutenção da racialização em sua estrutura. Tanto em *As Raças Humanas e a Responsabilidade Penal no Brasil* (1890) como em *Os Africanos no Brasil* (1932), o autor declara explicitamente que pretende tratar do problema negro no Brasil, sustentando que seu objetivo médico seria diagnosticar "no âmago de uma população de aparências juvenis e

19 ROMERO, Sílvio. Estudos sobre a poesia popular do Brasil, Rio de Janeiro: 1888, p. 10-11. *In*: RODRIGUES, Nina. **Os Africanos no Brasil**. 6 ed. São Paulo: Ed. Nacional; Ed. Universidade de Brasília, 1982.

20 ROMERO, Sílvio. Estudos sobre a poesia popular do Brasil, Rio de Janeiro: 1888, p. 10-11. *In*: RODRIGUES, Nina. **Os Africanos no Brasil**. 6 ed. São Paulo: Ed. Nacional; Ed. Universidade de Brasília, 1982.

vigorosas, possíveis germes de precoce decadência que mereciam sabidos e estudados, em busca de reparação e profilaxia".[21]

Ao pretender traçar as influências culturais dos africanos no Brasil, Nina Rodrigues se utiliza do racismo colonial em diversas passagens, mas, em especial, ao inferir que apenas reduzido número de povos africanos exerceram "influência apreciável na constituição do povo brasileiro".[22] Todo esforço na teoria de Nina Rodrigues se concentra em dar cientificidade justificante à concepção da superioridade branca, preocupando-se, ainda, com a mestiçagem e a assimilação do negro na construção da identidade do brasileiro promovida pela escravização do povo africano no Brasil:

> Não é, pois, a concepção teórica, toda especulativa e não demonstrada, de uma incapacidade absoluta de cultura dos negros, que merece preocupar povos, como o brasileiro, que, com a escravidão africana, receberam e incorporaram em sua formação étnica doses colossais de sangue negro. O que importa ao Brasil determinar é o quanto de inferioridade lhe advém da dificuldade de civilizar-se por parte da população negra que possui e se de todo fica essa inferioridade compensada pelo mestiçamento, processo natural por que os negros se estão integrando no povo brasileiro, para a grande massa da sua população de cor.[23]

Ou seja, para o autor, a mestiçagem seria o modo por meio do qual o negro se incorporaria à sociedade brasileira. Nesse sentido, o negro somente faria parte da civilização brasileira, constituindo-se como cidadão nos moldes pretendidos, caso se embranquecesse.

Nina Rodrigues não apenas se inclina a questões criminais. Diferente de Lombroso, apesar das traduções denunciadas por diversos criminólogos críticos, mais do que determinar e identificar quem são os criminosos a fim de reduzir e prevenir a delinquência, a intenção do médico brasileiro se

---

21 RODRIGUES, Nina. **Os Africanos no Brasil**. 6 ed. São Paulo: Ed. Nacional; Ed. Universidade de Brasília, 1982, p. 1.

22 RODRIGUES, Nina. **Os Africanos no Brasil**. 6 ed. São Paulo: Ed. Nacional; Ed. Universidade de Brasília, 1982, p. 262.

23 RODRIGUES, Nina. **Os Africanos no Brasil**. 6 ed. São Paulo: Ed. Nacional; Ed. Universidade de Brasília, 1982, p. 264.

consubstancia em eleger e justificar a necessidade de extinguir o negro da sociedade em construção. Enquanto Lombroso torna o criminoso objeto de pesquisa, Nina Rodrigues procura a criminalidade no negro, tornando-o seu objeto de pesquisa. Esse artifício é bem ilustrado, não só pela citação de Sílvio Romero apresentada no início de *Os Africanos no Brasil*, como também pelo último capítulo do livro, no qual Nina Rodrigues pretende identificar a sobrevivência psíquica da criminalidade dos negros no Brasil. Para o médico, a contribuição do negro na criminalidade brasileira é elevada pelo enfrentamento entre o estágio evolutivo cultural, religioso e jurídico do branco:

> A sobrevivência criminal é, ao contrário, um caso especial de criminalidade, aquele que se poderia chamar de criminalidade étnica, resultante da coexistência, numa mesma sociedade, de povos ou raças em fases diversas de evolução moral e jurídica, de sorte que aquilo que ainda não é imoral nem antijurídico para uns réus já deve sê-lo para outros.[24]

O autor aponta que desde 1894 insiste em compreender a influência das raças inferiores na sociedade brasileira que entende ser "contrário à ordem social estabelecida no país pelos brancos".[25]

Silvo Romero, com ares nacionalistas, sempre imputando ao brasileiro a falta de cultura, ao mesmo tempo que menospreza a dependência cultural e intelectual dos portugueses, atribui aos colonizadores o ingresso do Brasil na civilização. Defende a mestiçagem, pois acredita na preponderância de uma população branca proporcionada pela imigração europeia.[26] Quanto à questão étnica no Brasil o autor faz as seguintes observações:

> [...] 6ª – O elemento branco tende em todo o caso a predominar com a interação e o desaparecimento progressivo do índio, com a extinção do tráfico dos africanos e com a imigração europeia, que promete continuar;

---

24 RODRIGUES, Nina. **Os Africanos no Brasil**. 6 ed. São Paulo: Ed. Nacional; Ed. Universidade de Brasília, 1982, p. 273.

25 RODRIGUES, Nina. **Os Africanos no Brasil**. 6 ed. São Paulo: Ed. Nacional; Ed. Universidade de Brasília, 1982, p. 273.

26 ROMERO, Sílvio. **História da Literatura Brasileira**. Tomo Primeiro. 5 ed. Rio de Janeiro: José Olympio Editora, 1953, p. 112.

> 7ª – Comparando-se o Norte e o Sul do país, nota-se já um certo desequilíbrio, que vai tendo consequências econômicas e políticas: ao passo que o Norte tem sido erroneamente afastado da imigração, vai esta superabundando no Sul, introduzindo os novos elementos, fato que vai cavando entre as duas grandes regiões do país um valo profundo, já de si preparado pela diferença dos climas;
> 8ª – O meio de trazer o equilíbrio seria distribuir a colonização regularmente e cuidadosamente por todas as zonas do país, facilitando às nossas populações a assimilação dêsses novos elementos;
> 9ª – Se o não fizerem, as três províncias do extremo Sul terão, em futuro não muito remoto, um tão grande excedente de população germânica, válida e poderosa, que a sua independência será inevitável.[27]

Veja-se sempre que o discurso dos preocupados com a constituição da identidade brasileira é de eliminação e exclusão dos povos originários e do negro brasileiro. A República da inclusão — que se perfectibiliza por intermédio da assimilação excludente — nos dá a pista do motivo pelo qual se traduziu a criminologia positivista no Brasil.

O civilista Clóvis Bevilaqua reuniu diversos artigos por ele escritos que abordavam a temática criminológica, resultando no primeiro livro escrito sobre criminologia na América Latina. Em *Criminologia e Direito*, o autor adota o posicionamento de que existem outras questões, que não biológicas, que influenciam na criminalidade, tais como os fatores sociais. O autor adere a matriz positivista, apesar de advertir sobre os exageros da escola criminal italiana. Apesar da advertência, Bevilaqua não incorre somente nesses denominados exageros, como também no racismo criminológico positivista ao pesquisar a criminalidade no Ceará.

O autor não escapa das questões anteriormente abordadas sobre a miscigenação no Brasil ao estabelecer que o brasileiro é formado por três raças, quais sejam "a branca, a cabocla e a preta".[28] Bevilaqua parece defender a miscigenação como instrumento de diminuição da criminalidade, haja vista aderir à ideia de que o branco europeu seria hierarquicamente superior:

---

27 ROMERO, Sílvio. **História da Literatura Brasileira**. Tomo Primeiro. 5 ed. Rio de Janeiro: José Olympio Editora, 1953, p. 133-134.

28 BEVILAQUA, Clóvis. **Criminologia e Direito**. Rio de Janeiro: Revan, 2019, p. 89.

> Considerando as camadas da população em que a mescla se deu em pequenas dosagens, o branco creoulo, pois que no Ceará o elemento estrangeiro é insignificante, o negro, e o caboclo, vê-se que os descendentes mais directos dos europeus contribuiram com uma fraca parcella de criminalidade, si compararmo-la com as dos descendentes mais diretos das tribos africanas e americanas.[29]

Ou seja, na perspectiva do autor, a miscigenação entre os povos originários e os africanos, duas raças que estabelecia como sendo inferiores, potencializava os genes da delinquência. Nesse aspecto, ele refere que "quando o preto se combina com o branco (mulato), a inclinação criminosa baixa; mas, si ha um retorno à fonte negra (cabra), se realça aquella inclinação".[30] Bevilaqua sustenta que essas conclusões se devem, resumidamente, ao fato das duas raças compreendidas por ele como inferiores (negros e povos originários) "contribuem muito mais poderosamente para a criminalidade do que o arianos",[31] por defeito de educação ou pelo alcoolismo, advertindo, ainda, que o maior número de crimes violentos tinham sua origem no samba.[32]

Nesse aspecto, a representação discursiva do branco europeu como sendo normal, belo, ético, civilizado e humano faz como que se construa a imagem do negro como sendo seu oposto. A miscigenação expõe exatamente isso; é o branco impondo ao negro a rejeição de sua própria negrura e ancestralidade, pois somente seu embranquecimento lhe aproximaria do que é humano.[33]

---

29 BEVILAQUA, Clóvis. **Criminologia e Direito**. Rio de Janeiro: Revan, 2019, p. 91.

30 BEVILAQUA, Clóvis. **Criminologia e Direito**. Rio de Janeiro: Revan, 2019, p. 91.

31 BEVILAQUA, Clóvis. **Criminologia e Direito**. Rio de Janeiro: Revan, 2019, p. 91.

32 BEVILAQUA, Clóvis. **Criminologia e Direito**. Rio de Janeiro: Revan, 2019, p. 92.

33 GUIMARÃES, Jonathan Razen Ferreira; QUEIROZ, Marcos Vinícius Lustosa. Frantz Fanon e Criminologia Crítica: Pensar o Estado, o Direito e a Punição desde a colonialidade. **Revista Brasileira de Ciências Criminais**. v. n. 135, set., p. 318, 2017.

O discurso sobre a raça, portanto, era o principal saber no fazer criminológico positivista no Brasil, o qual não se resumia à identificação do estereótipo de criminoso. A potência da criminologia no Brasil se centralizava na degenerência das raças não brancas, na tentativa de a todo tempo estruturar as condições de existência e sobrevivência da nação brasileira, ora identificando a miscigenação como o problema da nação, ora como solução para o problema nacional. A adoção da teoria evolucionista teria, no Brasil, implicações que fariam com que a intelectualidade brasileira readaptasse às explicações sobre inferioridade racial, haja vista a necessidade de se questionar qual seria o futuro de uma nação que teria em seu cerne a mistura entre as raças. Se o objetivo era se comparar aos europeus para com eles se parecer, o negro se tornaria um problema na constituição da cidadania brasileira. Enquanto o "pessimismo" pairava no saber intelectual internacional, a elite intelectual brasileira realizava uma releitura otimista da miscigenação:

> No Congresso Internacional das Raças (1911), por exemplo, o discurso proferido por Lacerda soava sobretudo como um alento. Uma esperança no branqueamento, uma certeza irrestrita nas conclusões da ciência evolutiva, a crença em suas projeções populacionais, que, contrariando os censos demográficos, previam um país cada vez mais branco.[34]

Oliveira Vianna, ao tratar dos problemas da raça e da assimilação, alega que o problema étnico americano seria a formação da sociedade por outros grupos que não só os europeus.[35] Ele é mais um a afirmar que as Américas são um campo de experimento racial, ao sustentar que "O facto de terem affluido para aqui ethnias vindas de todos os continentes torna a America, ao contrário, o centro por excellencia dos estudos da Raça"[36], demonstra claramente qual e quem era o objeto de estudos dos intelectuais brasileiros da época. Ao referir-se às características que imputa ser próprias do negro,

---

34 SCHWARCZ, Lilia Moritz. **O Espetáculo das Raças**: Cientistas, instituições e questão racial no Brasil. São Paulo: Companhia das Letras, 1993, p. 122

35 VIANNA, Oliveira. **Raça e Assimilação**. vol. 4. 3 ed. São Paulo: Companhia Editora Nacional, 1938, p. 18.

36 VIANNA, Oliveira. **Raça e Assimilação**. vol. 4. 3 ed. São Paulo: Companhia Editora Nacional, 1938, p. 19.

Oliveira Vianna descreve-o como sendo sensitivo, dominado pela fantasia sem freio, com um temperamento de serenidade expansiva, frívolo, mas benevolente ao que denomina "sorte triste", mas cruel a seus inimigos.[37] Sobre o destino de uma sociedade constituída por vários tipos raciais, o autor aponta que:

> Um povo cujas matrizes ethnicas geram, digamos, 80% de individuos do temperamento "instável", de Ribot, não pode dar a mesma forma de civilização, nem ter o mesmo rythmo de progresso, nem revelar as mesmas expressões de cultura, nas artes, nas sciencias, na política, nas atividades economicas, que um outro povo, cujas matrizes ethnicas produzem, em quantidade mais numerosa, temperamentos praticos activos ou resolutos.[38]

O objetivo da pesquisa de Vianna era determinar, entre os tipos de mestiços, quais gerariam tipos sobreviventes e ofereceriam condições de estabilidade, permitindo serem elevados à categoria de tipos sólidos.[39]

Como visto, o discurso abolicionista da escravatura, apesar de matrizes liberais, não se prestou a defender a igualdade entre as raças. Pelo contrário, fez enunciações a respeito do saber sobre a raça, mantendo, explícita ou implicitamente, a mesma racionalidade racializada. No mesmo sentido, debruçava-se a produção da intelectualidade brasileira na Primeira República, que a todo momento se propunha a justificar as diferenças e atrasos sociais pela inferioridade na formação do brasileiro, racializando suas hierarquias. Nesse aspecto, Oliveira Vianna afirmou que:

> Neste ponto, as duas raças são desiguaes — e esta desigualdade se reflecte na desigualdade da riqueza eugenistica das suas elites respectivas. Ora, como a civilisação moderna é muito exigente deste typos superiores na composição das suas elites (4), comprehende-se e explica-se porque o negro, vivendo

37 VIANNA, Oliveira. **Raça e Assimilação**. vol. 4. 3 ed. São Paulo: Companhia Editora Nacional, 1938, p. 44.

38 VIANNA, Oliveira. **Raça e Assimilação**. vol. 4. 3 ed. São Paulo: Companhia Editora Nacional, 1938, p. 52

39 VIANNA, Oliveira. **Raça e Assimilação**. vol. 4. 3 ed. São Paulo: Companhia Editora Nacional, 1938, p. 79.

> dentro desta civilisação, revele certa inferioridade em face dos grupos brancos e brancoides com os quaes convive.[40]

Oliveira Vianna, portanto, encontrava solução na civilização brasileira através do processo de mestiçagem, sempre modelado pelos brancos, visto que os negros e os povos autóctones não contribuíram de forma alguma para a formação da civilização.[41] No entanto, tentando moldar a teoria evolucionista na experiência brasileira, nesse processo de tradução conveniente das teorias europeias, o autor refere que o mestiço, apesar de herdar a inteligência branca, herda o carâter do negro e do autóctone, o que alega ocorrer em razão dos atavismos inferiores.[42] Nesse tom racista, o autor explica que:

> O que está fora de dúvida, porém, é que combinações de hereditariedade favoraveis geram, por vezes, mestiços superiores, que se esforçam, por todas as maneiras, para ascender ás classes superiores: ao clero, á burocracia colonial, á militança e á aristocracia territorial — e o fazem com tanto mais rapidez quanto têm para auxilia-los uma caracterização anthropologica tambem favorável, isto é, quanto mais se aproximam, pela côr da tez e pela fórma dos cabelos, principalmente, do typo anthropologico do homem branco.[43]

As absurdas colocações da elite branca brasileira revelam, a todo tempo, a narrativa pseudocientífica que estabelece a necessidade da manutenção do mesmo discurso colonial e das relações sociais que se pretendiam estabelecer no Brasil, sempre, em si, racializadas. Nesse horizonte, Alberto Torres, apesar de tentar mascarar o racismo de sua teoria, voltando-se mais ao aspecto social da desigualdade, mantém, em realidade, a mesma ordem discursiva positivista:

---

40 VIANNA, Oliveira. **Raça e Assimilação**. vol. 4. 3 ed. São Paulo: Companhia Editora Nacional, 1938, p. 273.

41 VIANNA, Oliveira. **Evolução do Povo Brasileiro**. São Paulo: Monteiro Lobato & Cia, 1938, p. 137.

42 VIANNA, Oliveira. **Evolução do Povo Brasileiro**. São Paulo: Monteiro Lobato & Cia, 1938, p. 138.

43 VIANNA, Oliveira. **Evolução do Povo Brasileiro**. São Paulo: Monteiro Lobato & Cia, 1938, p. 138.

> O problema das raças, como problema de seleção social, é matéria julgada pela nossa experiência e pela experiência de outros. Nós sabemos, porque o temos verificado em cinco séculos de vida, que as diversas variedades humanas, habitantes de nosso solo, são capazes de atingir o mais alto grau de aperfeiçoamento moral e intelectual alcançado por qualquer outra raça. [...] Podemos afirmar que o negro puro e o índio puro são suscetíveis de se elevarem à mais alta cultura.[44]

O autor estabelece que o problema nacional brasileiro é a organização que se dá pela insistência em uma política de colonização.[45] No entanto, a teoria defendida por Alberto Torres não é nada mais do que o viés não apocalíptico da assimilação do negro à cultura branca.

No mesmo viés de apagamento da violência colonial, apesar do afastamento do discurso pessimista sobre a mestiçagem, a história da Conquista foi muito bem romantizada por Gilberto Freyre que, ao tecer elogios à boa adaptação e à flexibilidade cultural portuguesa com a vida tropical, caracterizou a formação da sociedade brasileira como agrária, escravocrata e híbrida entre "índios, brancos e negros". Para o autor, o caráter amolecedor do português tinha como influência o contato humano entre Europa e África que viviam em constante estado de guerra, mas que nunca excluiu a miscigenação e a atração sexual entre as raças.[46]

Ao referir-se a uma espécie de treinamento português de colonização na África antes do evento da Conquista da América, Gilberto Freyre enfatiza a aptidão do português de se misturar e multiplicar-se com filhos propensos ao atrevimento de competir por grandes povos, mais numerosos

---

44 TORRES, Alberto. **O Problema Nacional Brasileiro**: Introdução a um programa de organização nacional. 4 ed. São Paulo: Editora Universidade de Brasília, 1982, p. 69.

45 TORRES, Alberto. **O Problema Nacional Brasileiro**: Introdução a um programa de organização nacional. 4 ed. São Paulo: Editora Universidade de Brasília, 1982, p. 23.

46 FREYRE. Gilberto. **Casa Grande e Senzala**: A formação da família brasileira sob o regime da economia patriarcal. 8 ed. vol. 1. Rio de Janeiro: Livraria José Olympio, 1954, p. 98.

em população e extensão, em busca de uma ação colonizadora. Sobre a miscigenação, Freyre romantiza o ato sexual forçado[47] na colonização:

> A miscibilidade, mais do que a mobilidade, foi o processo pelo qual os portugueses compensaram-se da deficiência em massa ou volume humano para a colonização em larga escala e sobre áreas extensíssimas. Para tal processo prepara-os a íntima convivência, o intercurso social e sexual com raças de cor, invasora ou vizinhas da Península, uma delas, a de fé maometana, em condições superiores, técnicas e de cultura intelectual e artística, à dos cristãos louros.[48]

A cultura dos povos autóctones brasileiros, principalmente no que diz respeito à mulher, suas vestes, seu estereótipo, foram sexualizados por Gilberto Freyre ao fazer referências as mulheres no Brasil, comparando-as às "mouras-encantadas", que seriam um "tipo delicioso de mulher morena e de olhos pretos — envolta em misticismo sexual — sempre encantado, sempre penteando os cabelos ou banhando-se nos rios ou nas águas das fontes mal-assombradas".[49] A conclusão do autor para explicar a violência sexual dos portugueses, utilizada como instrumento de dominação e poder, próprio da violência colonial, reduzia-se à ideia de uma preferência do português pela mulher morena "para o amor, pelo menos para o amor físico".[50]

---

47 Sobre os estupros que ocorriam na escravidão, Angela Davis menciona que apesar dos testemunhos da ocorrência da coerção sexual, o tema foi minimizado na história tradicional sobre escravidão. Os estupros, a violência sexual e a coerção sexual, foram mascarados com a narrativa de que a mulher negra escravizada aceitava e, até mesmo, encorajava a atenção sexual do homem branco. O que foi exploração sexual foi chamado como miscigenação. (DAVIS, Angela. **Mulher, Raça e Classe**. Tradução de Heci Regina Candiani. São Paulo: Boitempo, 2016, p. 37.)

48 FREYRE. Gilberto. **Casa Grande e Senzala**: A formação da família brasileira sob o regime da economia patriarcal. 8 ed. vol. 1. Rio de Janeiro: Livraria José Olympio, 1954, p. 103.

49 FREYRE. Gilberto. **Casa Grande e Senzala**: A formação da família brasileira sob o regime da economia patriarcal. 8 ed. vol. 1. Rio de Janeiro: Livraria José Olympio, 1954, p. 103.

50 FREYRE. Gilberto. **Casa Grande e Senzala**: A formação da família brasileira sob o regime da economia patriarcal. 8 ed. vol. 1. Rio de Janeiro: Livraria José Olympio, 1954, p. 104.

O autor, ao caracterizar o colonizador português, enfatiza que nenhum outro colonizador confraternizou com as outras raças "chamadas de inferiores",[51] sendo "o menos cruel nas relações com os escravos"[52] devido, principalmente, à sua "plasticidade social", que pendia para o contato "voluptuoso com a mulher exótica".[53] Gilberto Freyre afirma, ainda, que essa benevolência do colonizador português também ocorre devido à falta de consciência ou sentimento de superioridade da raça, própria do colonizador inglês.[54]

A ordem discursiva de Gilberto Freyre indica, a todo tempo, uma comparação entre a colonização e a escravidão no Brasil com os demais países que também tiveram a escravidão marcada em sua história, sempre caracterizando a colonização brasileira como sendo menos violenta e, até mesmo, não violenta; teria sido uma colonização "vitoriosa nos trópicos".[55] Essa narrativa corrobora com a defendida pelos abolicionistas, sempre propensos a reduzir a violência da escravidão sem qualquer questionamento sobre a estrutura racializada sobre a qual se assentavam as narrativas históricas de construção de um Brasil que se entendia democraticamente miscigenado.

Sérgio Buarque de Holanda, outro autor-chave que abordou a história da colonização portuguesa, assim como Gilberto Freyre, expressa diversas compreensões idealizadoras da Conquista. Ao abordar a escravização dos

---

51 FREYRE. Gilberto. **Casa Grande e Senzala**: A formação da família brasileira sob o regime da economia patriarcal. 8 ed. vol. 1. Rio de Janeiro: Livraria José Olympio, 1954, p. 356.

52 FREYRE. Gilberto. **Casa Grande e Senzala**: A formação da família brasileira sob o regime da economia patriarcal. 8 ed. vol. 1. Rio de Janeiro: Livraria José Olympio, 1954, p. 356.

53 FREYRE. Gilberto. **Casa Grande e Senzala**: A formação da família brasileira sob o regime da economia patriarcal. 8 ed. vol. 1. Rio de Janeiro: Livraria José Olympio, 1954, p. 356.

54 FREYRE. Gilberto. **Casa Grande e Senzala**: A formação da família brasileira sob o regime da economia patriarcal. 8 ed. vol. 1. Rio de Janeiro: Livraria José Olympio, 1954, p. 365.

55 FREYRE. Gilberto. **Casa Grande e Senzala**: A formação da família brasileira sob o regime da economia patriarcal. 8 ed. vol. 1. Rio de Janeiro: Livraria José Olympio, 1954, p. 384.

povos originários, o autor refere que após se verificar frustradas as tentativas de escravização dos autóctones, não houve outra escolha senão a introdução da escravização dos africanos.[56] Sobre a resistência dos povos originários ao trabalho forçado imposto pelos colonizadores, bem como a violência colonial à qual foram submetidos, o autor explica que:

> Versáteis ao extremo, eram-lhes inacessíveis certas noções de ordem, constância e exatidão, que no europeu formam como uma segunda natureza e parecem requisitos fundamentais da existência social e civil. O resultado eram incompreensões recíprocas que, de parte dos indígenas, assumiam quase sempre a forma de uma resistência obstinada, ainda quando silenciosa e passiva, às imposições da raça dominante.[57]

Percebe-se que o autor discorre sobre a inferioridade dos povos originários ao aludir que agiam com resistência frente aos comandos "da raça dominante". Sobre essa imagem de passividade ou docilidade que era atribuída ao negro e sua adaptação à escravidão, Luciano Góes adota a posição de que esse entendimento não passa de uma compreensão racista de que o negro era adaptável à escravidão. Quanto à escravização dos povos originários, Góes exemplifica vários motivos que ensejaram a substituição da mão de obra indígena pela do africano, tais como o maior lucro de Portugal com a escravidão negra, haja vista que o país detinha o monopólio do comércio escravagista. Ademais, o autor aponta outros aspectos que influenciaram na substituição, seja a ausência de desenvolvimento de anticorpos por parte da população originária para combater as doenças europeias, seja o número elevado de fugas, tendo em vista que os povos autóctones conheciam o terreno, seja a proteção dos jesuítas, que pretendiam doutrinar e salvar os povos autóctones, denominados "bons selvagens".[58]

---

56 HOLANDA, Sérgio Buarque de. **Raízes do Brasil**. 27 ed. São Paulo: Companhia das Letras, 2014, p. 55.

57 HOLANDA, Sérgio Buarque de. **Raízes do Brasil**. 27 ed. São Paulo: Companhia das Letras, 2014, p. 56.

58 GÓES, Luciano. **A "Tradução" de Lombroso na Obra de Nina Rodrigues**: O racismo como base estruturante da criminologia brasileira. Rio de Janeiro: Revan, 2016, p. 155.

Enquanto Gilberto Freyre atribuiu ao brasileiro adjetivos benevolentes, Sérgio Buarque de Holanda fez o mesmo a respeito dos portugueses. No entanto, apesar das divergências entre ambos, visto que Sérgio Buarque de Holanda adjetiva negativamente os estereótipos elogiados por Gilberto Freyre, não houve uma verdadeira crítica ou quebra paradigmática entre os dois autores que, em realidade, estavam partindo de uma mesma estrutura racializada na construção da identidade brasileira. Como defende Jessé Souza, "a real crítica a Freyre exigiria a crítica dos pressupostos culturalistas/racistas do paradigma que o influenciou, coisa que Sérgio Buarque jamais fez, muito antes pelo contrário".[59]

Em umas das passagens de *Raízes do Brasil*, Sérgio Buarque de Holanda traça diferenças entre a sociedade feudal e a sociedade industrial, compreendendo a primeira como pré-capitalista e a segunda como capitalista, argumentando que no processo de industrialização há a diminuição das relações humanas diretas entre empregador e empregado, pois há uma complexa estrutura hierárquica entre essas duas figuras. Nesse argumento, o autor refere que a sociedade brasileira patriarcal se fez com laços domésticos de afeto e de sangue, os quais forneceram um modelo obrigatório de composição social entre os brasileiros. Caracterizando, assim, a sociedade brasileira, Holanda defende que a contribuição brasileira para a civilização é a sua cordialidade, própria do "homem cordial",[60] sendo este o maior exemplo do Brasil ao mundo.

O autor explica que o "homem cordial" permite certos tipos de reverência, desde que se permita um certo tipo de convívio familiar. Nesse contexto, Holanda afirma que "a manifestação normal do respeito entre os povos tem aqui sua réplica, em regra geral, no desejo de estabelecer intimidade".[61] O autor atribui, de certa forma, a cordialidade brasileira à família patriarcal, na qual a entidade privada sempre precedeu a entidade pública. Sobre a vida rural em que se assentou a colônia, Holanda argumenta que:

---

59 SOUZA, Jessé. **A Elite do Atraso**: Da escravidão à lava jato. Rio de Janeiro: Leya, 2017, p. 30.

60 HOLANDA, Sérgio Buarque de. **Raízes do Brasil**. 27 ed. São Paulo: Companhia das Letras, 2014, p. 176.

61 HOLANDA, Sérgio Buarque de. **Raízes do Brasil**. 27 ed. São Paulo: Companhia das Letras, 2014, p. 177.

> A nostalgia dessa organização compacta, única e intransferível, onde prevalecem necessariamente as preferências fundadas em laços afetivos, não podia deixar de marcar nossa sociedade, nossa vida pública, todas as nossas atividades. Representando, como já se notou acima, o único setor onde o princípio de autoridade é indisputado, a família colonial fornecia a ideia mais normal de poder, da respeitabilidade, da obediência e da coesão entre os homens. O resultado era predominares, em toda a vida social, sentimentos próprios à comunidade doméstica, naturalmente particularista e antipolítica, uma invasão do público pelo privado, do Estado pela família.[62]

Esses dois principais mitos que envolveram a constituição das relações sociais brasileiras, o da democracia racial e o do homem cordial, bem como a ideia de que a cultura africana foi muito bem assimilada pelos portugueses, sendo estes últimos flexíveis, maleáveis e permissivos às influências culturais de seus colonizados, acabam por imputar aos africanos a responsabilidade e o consentimento dessa assimilação cultural, além de atribuir uma espécie de coculpabilidade da colonização e do genocídio à cultura dos povos originários no Brasil e à submissão inerente ao africano,[63] além de traçar uma narrativa que apaga a violência da prática/técnica colonial.

Ademais, a história contada por Gilberto Freyre e Sérgio Buarque de Holanda, ao pretenderem negar o racismo na estrutura do regime escravocrata, acaba por aproximar-se de positivistas como Oliveira Vianna e Alberto Torres, principalmente por embutir em suas ideias um ideal de sociedade consubstanciada na negação da violência e no incentivo ao processo de embranquecimento do Brasil:

> Freyre cunha eufemismos raciais tendo em vista racionalizar as relações de raça no país, como exemplifica sua ênfase e insistência no termo *morenidade*, não se trata de ingênuo jogo de palavras, mas sim de proposta vazando uma extremamente perigosa mística racista, cujo objetivo é o desaparecimento inapelável do descendente africano, tanto fisicamente, quanto

---

62 HOLANDA, Sérgio Buarque de. **Raízes do Brasil**. 27 ed. São Paulo: Companhia das Letras, 2014, p. 96-97.

63 NASCIMENTO, Abdias. **O Genocídio do Negro Brasileiro**: Processo de um racismo mascarado. 3. ed. São Paulo: Perspectiva, 2016, p. 50.

> espiritualmente, através do malicioso processo de embranquecer a pele negra e a cultura do negro.[64]

Enquanto esses autores tentam explicar como a história brasileira se fez com benevolência e concessões aos negros, integrando-se à sua cultura, silenciam-se frente à história africana, tão imbricada com a nossa, mantendo o conto conveniente da "versão do continente 'escuro, misterioso e selvagem'",[65] Abdias Nascimento, sobre os mitos integrantes da sociedade brasileira, refere que o genocídio, perpetrado aos olhos de quem quer ver, é mascarado pelas atribuições de tolerância, benevolência, democracia racial e ideologias dominantes que exercem efeitos perversos sobre a realidade.[66] Nessa reflexão, Abdias Nascimento defende que:

> Aliás, esta é a questão que se apresenta: o que é exatamente esta "cultura brasileira" tão porosa a todas as influências? As culturas africanas chegaram ao Brasil com a própria fundação da colônia, e pela forma de números — os africanos era majoritários — eles eram as culturas dominantes. A "sociedade brasileira' referida por Viana Filho é um grupo pequeníssimo de portugueses, cujas "normas" dominavam apenas pela força das armas. Uma "sociedade brasileira" que não incluía 85% da população do país.[67]

Toda formação discursiva que estabelecia a mestiçagem como solução e salvação da nação brasileira, a necessidade de colocar o Brasil na história moderna ocidental, ignorando as populações aqui existentes antes do evento da Conquista, fez com que houvesse modelagens e adaptações das teorias positivistas. Não porque eram distorcidas para que se encaixassem a uma realidade que não era nossa, mas porque, além de ser característica própria de qualquer ato de tradução, o brasileiro era um sujeito inventado e moldado

---

64 NASCIMENTO, Abdias. **O Genocídio do Negro Brasileiro**: Processo de um racismo mascarado. 3. ed. São Paulo: Perspectiva, 2016, p. 50.

65 NASCIMENTO, Abdias. **O Genocídio do Negro Brasileiro**: Processo de um racismo mascarado. 3. ed. São Paulo: Perspectiva, 2016, p. 61.

66 NASCIMENTO, Abdias. **O genocídio do Negro Brasileiro**: Processo de um racismo mascarado. 3. ed. São Paulo: Perspectiva, 2016, p. 131.

67 NASCIMENTO, Abdias. **O genocídio do Negro Brasileiro**: Processo de um racismo mascarado. 3. ed. São Paulo: Perspectiva, 2016, p. 130-131.

dentro de um ideal de nação brasileira. É nesse sentido que a mestiçagem combatida por Gobineau, que entendia impossível o progresso de sociedades compostas pela mistura de civilizados com sub-raças,[68] é reinterpretada pelos intelectuais brasileiros na construção histórica e na constituição da identidade brasileira. Era preciso defender a sobrevivência da sociedade brasileira, marcada pela diversidade racial:

> A mestiçagem era vista de forma ambígua: apesar de temida, nela se encontrava a saída controlada e combatível com a representação ordeira que essa elite pernambucana possuía da sociedade. Assim, apesar do manejo com os modelos poligenistas de análise, era sempre a aceitação do monogenismo e a ideia de evolução que acabam predominando quando se tratava de pensar na situação local.[69]

Como se vê, a preocupação com a raça e com a miscigenação faziam parte da preocupação histórica na formação e constituição da nação brasileira. Não foi, portanto, diferente na criminologia. Enquanto outras áreas do conhecimento tentavam apagar a estrutura racial que solidificou a hierarquização social no Brasil, a criminologia tratava de externar o racismo colonial que se mantinha nas entrelinhas da produção do conhecimento nacional.

Um Recorte para além da Nova Criminologia Latino-Americana

A criminologia da libertação defende a ideia de que a criminologia na América Latina se fez a partir das traduções/importações sobre a questão criminal advindas do Centro, as quais se consubstanciavam em uma dependência cultural e intelectual[70] que, invariavelmente, ignoravam e deturpavam a realidade latino-americana.

---

68 SCHWARCZ, Lilia Moritz. **O Espetáculo das Raças**: Cientistas, instituições e questão racial no Brasil 1870-1930. São Paulo: Companhia das Letras, 1993, p. 83.

69 SCHWARCZ, Lilia Moritz. **O Espetáculo das Raças**: Cientistas, instituições e questão racial no Brasil 1870-1930. São Paulo: Companhia das Letras, 1993, p. 161.

70 Imprescindível não traçar o mesmo recorte que Abdias Nascimento quando afirma que: "Precisamos não esquecer que, à exceção de poucos, os cientistas

O projeto de Lola Aniyar de Castro pretendeu, com a superação da criminologia tradicional legitimadora, apresentar às classes subalternas o discurso latente da legitimação do poder punitivo, estimulando, assim, a consciência de classe.[71] Com objetivos emancipatórios e de independência intelectual da Europa, o objetivo era que a criminologia na América Latina rompesse com o colonialismo intelectual que se colocou quando das importações das teorias criminológicas positivistas advindas da Europa, o que fazia com que a América Latina se tornasse arena empírica[72] para a verificação de teorias alienígenas.

Nesse cenário, Rosa del Olmo irá definir como surgiu a Criminologia na América Latina, a partir dos Congressos Internacionais de produção e divulgação teórica criminológica, tendo como objetivo abordar como surgiu e se desenvolveu a disciplina na América Latina, visto que, até então, era julgada fora da história do pensamento criminológico. A criminóloga defende que o silêncio histórico da criminologia na América Latina levou-a a refletir sobre o papel dos especialistas e divulgadores do paradigma criminológico dominante, cujos protagonistas, por vezes, "não

---

que se aproximavam deste assunto o faziam conforme critérios importados do estrangeiro. Tudo era de origem europeia, como agora quase tudo vem dos Estados Unidos. O país obtivera em 1822 uma independência apenas formal, permanecendo sua economia, sua mentalidade e cultura, dependentes e colonizadas. Gravitávamos espiritualmente em torno da metrópole, a Europa, obrigatório ponto de referência, sobretudo no que se referia às ideias, padrões de julgamento estético, e atividades científicas de qualquer ramo." (NASCIMENTO, Abdias. **O Genocídio do Negro Brasileiro**: Processo de um racismo mascarado. 3. Ed. São Paulo: Perspectiva, 2016, p. 82.)

71 CASTRO, Lola Aniyar de. **Criminologia da Libertação**. Tradução de Sylvia Moretzsohn. Rio de Janeiro: Revan, 2005, p. 64.

72 A exemplo disso, Nina Rodrigues, no artigo científico "Mestiçagem, degeneração e crime", publicado em francês na revista de Antropologia Criminal, v. 14, em 1899, realizou uma pesquisa etnográfica por meio da observação em uma pequena localidade, Serrinha, do "povo mestiço", procurando distinguir suas diferentes causas degenerativas. Portanto, são nítidas as referências na pesquisa frenológica realizada por Nina Rodrigues. (RODRIGUES, Nina. **Mestiçagem, degeneração e crime**. v. 15. n. 4. Disponível em: http://www.scielo.br/pdf/hcsm/v15n4/14.pdf Acesso em: 19 dez. 2019.)

se dão conta do significado de sua atuação. Limitam-se a decorar seu papel, sem refletir seu conteúdo",[73] devido à pouca compreensão de nossa realidade criminológica.

Observa-se que a preocupação dos criminólogos, na necessidade de construir uma criminologia própria da América Latina, volta-se muito mais para os problemas de tradução e originalidade teórica importada do que, propriamente, para a ordem discursiva anunciada pelos especialistas latino-americanos.

Rosa del Olmo destaca que a criminologia na América Latina inicia-se em caráter meramente de divulgação, ao passo que médicos e juristas importam as teorias dominantes da realidade europeia.[74] No decorrer da pesquisa, ao abordar o surgimento da criminologia positivista na Europa, a autora adota uma perspectiva marxista, já trabalhada por Melossi e Pavarini, em *Cárcere e Fábrica*, de que a criminologia como ciência surge a partir da desigualdade promovida pelo capitalismo.[75]

Maximo Sozzo apresenta o relato da visita de Gina Lombroso à Penitenciária Nacional de Buenos Aires, em 1908, que a fez lamentar que seu pai, Cesare Lombroso, não tivesse tido a oportunidade de presenciar a realização de suas teorias, as quais foram mais aplaudidas aqui do que na Itália.[76] Quanto a esse relato, Luciano Góes, adotando a perspectiva de Rosa del Olmo, argumenta que a seleção das premissas teóricas etiológicas-raciais resultou em uma reversão de influência. Nesse momento, a "margem" é que passaria a ser influência para o "centro".[77] No entanto, Góes recorda que o

---

73 OLMO, Rosa del. **A América Latina e sua Criminologia**. Tradução de Eduardo Pizzolante e Sylvia Moretzsohn. Rio de Janeiro: Revan, 2004, p. 18.

74 OLMO, Rosa del. **A América Latina e sua Criminologia**. Tradução de Eduardo Pizzolante e Sylvia Moretzsohn. Rio de Janeiro: Revan, 2004, p. 20.

75 OLMO, Rosa del. **A América Latina e sua Criminologia**. Tradução de Eduardo Pizzolante e Sylvia Moretzsohn. Rio de Janeiro: Revan, 2004, p. 45.

76 SOZZO, Máximo. **Viagens Culturais e a Questão Criminal**. Tradução de Sérgio Lamarão. Rio de Janeiro: Revan, 2014, pp. 34-36.

77 GÓES, Luciano. **A "tradução" de Lombroso na Obra de Nina Rodrigues**: O racismo como base estruturante da criminologia brasileira. Rio de Janeiro: Revan, 2016, p. 142.

racismo fazia parte da estrutura social brasileira, o que deu causa à facilidade da implementação dessas premissas. O que se defende, portanto, e aqui há concordância, é que a criminologia positivista não inaugura o racismo no poder punitivo brasileiro ou em suas relações sociais, mas somente se amolda e encontra legitimidade científica para se manter:

> Na margem brasileira, onde o racismo é estruturante, estrutural e condicionante, a questão racial, nos finais do século XIX e início dos XX, ganha *status* protagônicos dentre a elite nacional, pois o futuro e a ruptura com o passado da nação passavam indiscutivelmente por ela, e no caldo heterogênio que se amalgamavam as teorias raciais centrais nossos cientistas iriam buscar a legitimidade para manter intacta a estrutura racialmente estabelecida sob a bandeira do liberalismo tardio.[78]

A percepção da criminologia enquanto ciência política, em razão do seu poder de gerir e governar indivíduos,[79] permite entender o porquê de uma criminologia causal explicativa e de viés etiológico ter sido importada e traduzida pela minoria ilustrada, justamente no período da Primeira República.

Vera Malaguti Batista refere que a questão principal das traduções positivistas é compreender como o positivismo criminológico produziu "uma matriz discursiva comum, uma identidade, que gerou não só um determinado olhar sobre a questão criminal, mas também uma determinada polícia e um determinado projeto penitenciário". No entanto, para além da compreensão de como a criminologia moldou o poder punitivo e sua racionalidade, é necessário partir da concepção de que a matriz discursiva da criminologia positivista apresenta a mesma formação discursiva colonial. Nesse sentido, a questão não só passa a ser como a criminologia positivista modelou nossa racionalidade punitiva, mas como a nossa racionalidade colonial modelou a criminologia positivista. Daí é que resultam as (in)adequações teóricas apontadas por Lola Anyiar e Rosa del Olmo.

---

78 GÓES, Luciano. **A "Tradução" de Lombroso na Obra de Nina Rodrigues**: O racismo como base estruturante da criminologia brasileira. Rio de Janeiro: Revan, 2016, p. 144.

79 SOZZO, Máximo. **Viagens Culturais e a Questão Criminal**. Tradução de Sérgio Lamarão. Rio de Janeiro: Revan, 2014, p. 13.

O contexto cultural em que se fortificou a criminologia positivista coincide com a abolição da escravatura e, consequentemente, com o surgimento de uma nova população marginalizada que seria constituída por "ex-escravizados". Ainda, a motivação em que se assenta a Primeira República é a manutenção de uma economia agroexportadora e de concentração de terra nas mãos de minorias, o que demonstra a manutenção da mesma estrutura hierárquica racializada e patriarcal.[80]

O fato de a criminologia positivista ter oferecido a base científica para o processo de criminalização, que teve o racismo como pilar estruturante do genocídio colonizador, não altera, apesar de contribuir, para a base estrutural sobre a qual se assentavam as relações de poder no Brasil. O que se defende aqui é que a criminologia não inaugurou a estrutura seletiva racista do sistema penal, apenas justificou, com ares científicos, o racismo colonial. Essas importações não só se amoldaram à racionalidade punitiva, mas contribuíram e impulsionaram os programas de tecnologia governamentais na América Latina.[81]

O que será abordado a seguir é justamente como a criminologia da libertação pretendeu ser ruptura das teorias importadas, mas manteve os não ditos sobre o racismo na estrutura social ao realizar novas importações, agora críticas.

Não se pode ignorar que o positivismo foi, na modernidade, uma onda mundial que alcançou o Brasil de forma contemporânea à Europa. No entanto, é imprescindível traçar uma análise específica não somente das consequências, mas principalmente das motivações que essas ideias encontraram na realidade brasileira. É por essa razão que esta obra não se restringe às premissas levantadas pela nova criminologia latino-americana, visto que a criminologia da libertação e a criminologia crítica, à época, compreenderam as traduções do pensamento positivista-criminológico como assimilação deformada e artificial que, por consequência, configuraram a realidade do poder punitivo na "margem":

---

80 DIAS, Rebeca Fernandes. **Pensamento Criminológico na Primeira República**: O Brasil em defesa da sociedade. Tese (Doutorado em Direito) - Universidade Federal do Paraná, Curitiba, 2015, p. 154.

81 BATISTA, Vera Malaguti. **Introdução Crítica à Criminologia Brasileira.** 2 ed. Rio de Janeiro: Revan, 2015, p. 47.

> [...] temos de advertir que essa adoção das ideologias europeias — mesmo aparentemente deformada e artificial em relação ao modelo europeu — respondia às necessidades locais e teve precisamente que ser deformada para se fazer racional dentro do contexto latino-americano.[82]

Rosa del Olmo remete a tradução criminológica à necessidade da minoria ilustrada de manter, a partir da legitimação científica, a estrutura que permitia que fosse uma classe dominante, além de ser uma via para alcançar a ordem, bem como para implementação do capitalismo como modo de produção dominante, como, se até então, estivéssemos fora do modo de produção capitalista.

Em que pese a impossibilidade de negar as potencialidades, é preciso dizer que o que falta à compreensão da nova criminologia, como também à criminologia da libertação, é que essa aproximação com aqueles que nos adjetivaram de selvagens, em um paradoxo esquizofrênico de construção civilizatória — que emerge do pensamento de que para sermos civilizados, devemos parecer com aqueles que nos caracterizaram como selvagens —, deu-se a partir da apropriação do saber pelos juristas brasileiros dos mesmos ideais europeus que legitimaram a colonização e a escravidão em busca de um ideal de civilização. Assim, poder-se-á responder ao questionamento de Zaffaroni de como que a criminologia positivista floresceu tão bem na Bahia de Nina Rodrigues.

Logo, pode-se dizer que essas importações, traduções, adaptações e a própria elaboração teórica que se fez no Brasil são o amalgamento do colonialismo racista com o racismo científico da criminologia positivista, em que os enunciados partem do dizer sobre o negro ou sobre as raças, que encontraram no contexto brasileiro as condições de existência dessas formações discursivas.[83]

Nesse sentido, muito embora as faculdades de São Paulo e de Recife, principais locais de disseminação acadêmica da época, tivessem ideologias

---

82 OLMO, Rosa del. A América Latina e sua **Criminologia.** Tradução de Francisco Eduardo Pizzolante e Sylvia Moretzsohn. Rio de Janeiro: Revan, 2004, p. 161.

83 FOUCAULT, Michel. **A Arqueologia do Saber.** Tradução de Luiz Felipe Baeta Neves. 5 ed. Rio de Janeiro: Forense Universitária, 1997, p. 43-44.

diversas sobre a questão criminal — tendo a primeira adotado um viés clássico liberal e, a outra, aproximado-se das escolas positivistas do darwinismo social e do evolucionismo[84] — o positivismo tomou frente ao tratar da questão racial, pois satisfazia o objetivo de manutenção de dominação das oligarquias que aqui haviam se instalado.

Nesse sentido, os principais autores preocupados com a questão racial no Brasil, na Primeira República, são: Sílvio Romero, Euclides da Cunha, Alberto Torres, Manuel Bonfim, Nina Rodrigues, João Batista Lacerda, Edgard Roquette-Pinto, Oliveira Vianna, Gilberto Freyre[85] e Sérgio Buarque de Holanda.

Outros autores, participantes do processo de modernização das práticas punitivas no Brasil, a partir de suas contribuições intelectuais, tais como Cândido Mota, Paulo Egydio, Lemos Britto, Esmeraldino Bandeira, colaboraram com a:

> aplicação e efetivação das "melhores propostas" da ciência na prática. A despeito de algumas realizações, na realidade, as continuidades foram mais significativas, seja por falta de recursos, seja por uma desorganização política e administrativa, seja pela presença e influência das oligarquias que não pretendiam abrir mão dos seus poderes e de suas práticas de controle, seja pela força que uma série de preconceitos raciais imprimiu na sociedade, acarretando resistências em se implantar políticas criminais que investissem em indivíduos rotulados como inferiores, bárbaros, selvagens, muitas vezes incorrigíveis e entraves para o desenvolvimento da nação brasileira.[86]

No contexto brasileiro, o protagonismo quanto à questão criminal se deu não só pelos juristas, mas também pelos médicos que se prestaram a

---

84 FREITAS, Ricardo de Brito A.P. **As Razões do Positivismo Penal no Brasil**. Rio de Janeiro: Lumen Juris, 2002.

85 MUNANGA, Kabengele. **Rediscutindo a Mestiçagem no Brasil**: Identidade nacional *versus* identidade negra. 5 ed. rev. e ampl. Belo Horizonte: Autêntica, 2019, p. 54.

86 DIAS, Rebeca Fernandes. **Pensamento Criminológico na Primeira República**: O Brasil em defesa da sociedade. Tese (Doutorado em Direito) - Universidade Federal do Paraná, Curitiba, 2015, p. 184-185.

traduzir as pesquisas positivistas, na tentativa de identificar o crime como fenômeno biológico. É nesse contexto que Nina Rodrigues aparece como um dos principais teóricos do positivismo no Brasil, devido ao entusiasmo com que o autor defendia a inferioridade intelectual dos negros e mestiços, colocando-os como principal alvo do poder médico/punitivo.

É importante notar que Nina Rodrigues, embora não tenha se posicionado como seguidor assíduo de Lombroso — pelo contrário, elaborou algumas críticas ao seu método de pesquisa —, acabou por traduzir as mesmas premissas positivistas. O resultado de sua pesquisa já estava definido antes mesmo de ir a campo, utilizando da pesquisa empírica tão somente para confirmar suas conclusões. No entanto, o problema das compreensões sobre as traduções do positivismo criminológico é a atribuição à teoria lombrosiana quase como uma condição *sine qua non* da construção teórica positivista da criminologia no Brasil. Essa importância demasiada dada ao médico italiano faz parecer que a teoria criminológica positivista europeia motivou e inaugurou o racismo na seletividade racista do poder punitivo brasileiro, como se aqui o racismo não estivesse, antes dela, enraizado nas relações sociais desde a conquista, potencializado e materializado pela escravidão.

Bastaria, contudo, delinear em Nina Rodrigues a herança colonial em seus textos, em que se fez do mestiço o inimigo hostil que a oligarquia precisava para manter a dominação do negro em uma sociedade que se pretendia branca.[87] O negro se tornou um problema na Primeira República, haja vista que a abolição da escravatura forçava, por meio do processo de assimilação, a inclusão do negro brasileiro, que, no entanto, foi negada graças à legitimidade que a ciência e a práxis forneciam à segregação racial no Brasil.

Foi a partir desse positivismo racista que o controle social se manteve sobre a população mestiça. Ao proporcionar amparo científico ao genocídio do negro, mantendo sua desumanização através da construção da figura do criminoso, a racionalidade criminológica positivista embasou o processo de embranquecimento do povo brasileiro.

---

87 CORRÊA, Mariza. **As Ilusões da Liberdade**: A escola Nina Rodrigues e a antropologia no Brasil. 2 ed. rev. Bragança Paulista: Editora da Universidade São Francisco, 2001.

A tentativa de fazer com que o brasileiro se parecesse mais com o europeu do que com os povos africanos incentivou um verdadeiro extermínio do corpo negro, negando a ele a sua ancestralidade — além de sua própria identificação como brasileiro —, na tentativa de exterminar qualquer influência cultural africana. O Brasil elegeu o branco europeu para se identificar, lançando mão do genocídio do negro brasileiro.[88]

Nesse panorama, a criminologia vem como um dos principais potenciais discursivos dessa racionalidade diante da adoção do positivismo que satisfazia os interesses das classes dominantes, preservadas pela dependência ideológica europeia, assentada em uma perspectiva forjada de ordem e progresso, tais como ocorreu no discurso da abolição da escravatura. Sobre esse evento, Rosa Del Olmo explana que:

> A criminologia chega então à América Latina depois que suas classes dominantes e "ilustradas" haviam assumido os ditames da ideologia liberal e a filosofia positivista como a melhor via para alcançar "a ordem e o progresso"; mas sobretudo a "ordem", que consideravam tão necessária, não somente pelos grandes períodos de anarquia, caudilhismo e guerras civis que caracterizavam a história do século XIX latino-americano, mas também para o processo de implantação do capitalismo como modo de produção dominante na área.[89]

Não se pode esquecer que a criminologia atendeu aos interesses da hegemonia a partir da importação da mesma lógica que nos fez colônia: colocando a questão racial como principal fator de dominação. O efeito da construção da figura do delinquente no Brasil fez com que os negros passassem de escravos a criminosos.

Não é de surpreender que essa ideia de implantação do capitalismo como modo de produção acabou por se insurgir contra essa nova população marginalizada que, após a abolição da escravatura, e relegada a uma subcidadania, foi controlada e criminalizada com o amparo da criminologia positivista.

---

88 NASCIMENTO, Abdias. **O genocídio do Negro Brasileiro**: Processo de um racismo mascarado. 3 ed. São Paulo: Perspectiva, 2016.

89 OLMO, Rosa del. **A América Latina e sua Criminologia**. Tradução de Francisco Eduardo Pizzolante e Sylvia Moretzsohn. Rio de Janeiro: Revan, 2004, pp. 162-163.

Como outrora, é inegável a permanência de um discurso criminológico que legitima e impulsiona a atuação do poder punitivo.[90] Basta perceber que o filtro do direito penal passa pelas periferias, como uma máquina criminalizadora da pobreza, do corpo negro como instrumento potencializador de um processo excludente.

Como defende Rosa del Olmo,[91] a lógica capitalista vem a calhar com os ideais da formação da pessoa do criminoso, em quem se recaiu a violência punitiva. No entanto, cabe fazer ressalva às peculiaridades latino-americanas: adotando os ideais europeus e norte-americanos, com ares de progresso, criminalizou-se as classes vulneráveis a fim de produzir uma reserva de mão de obra barata e domesticada em nome de um capitalismo que Rosa del Olmo julgou não ser próprio da América Latina.[92] No entanto,

---

90 A conjuntura das prisões brasileiras *versus* o índice de criminalidade traz à tona o discurso do eficientismo, no qual se entende que não sendo eficazes as medidas penais, essas devem ser mais eficazes ao combate da criminalidade. O eficientismo vem legitimar as medidas punitivas ao entender que se o direito penal não combate a criminalidade é porque não se está lançando mãos de medidas punitivas eficazes. A esquizofrenia chega ao ponto de que se o direito penal não é suficiente é porque não está se utilizando suficientemente do direito penal. Sobre esse ponto, Vera Pereira Regina de Andrade explana que "esse discurso tautológico é secular, esse era o discurso do próprio Ferri, para justificar a consolidação do modelo periculosista-defensivista em meados do século XIX, e é o discurso de todos os tempos em que as desordens produzidas pelo capitalismo exigem um endurecimento do controle de tipo penal." (ANDRADE, Vera Regina Pereira de. **Pelas Mãos da Criminologia**: O controle penal para além da (des)ilusão. Florianópolis: Revan, 2012, p. 323.)

91 OLMO, Rosa del. **A América Latina e sua Criminologia**. Tradução de Francisco Eduardo Pizzolante e Sylvia Moretzsohn. Rio de Janeiro: Revan, 2004.

92 Nesse mesmo sentido, Eugenio Raúl Zaffaroni explica que "a América Latina não produziu uma 'servidão' através da superação originária e dinâmica da 'escravidão', nem seu capitalismo é um processo que possa ser explicado por uma superação própria da servidão ou do feudalismo. Todos esses momentos, que nos foram marcados pelo poder central planetário e não por uma dinâmica independente, responderam a necessidades do poder central em suas diferentes etapas e nos foram impostos com um certo discurso ou 'saber'." (ZAFFARONI, Eugenio Raúl. **Em busca das Penas Perdidas**: A perda de legitimidade do sistema penal.

a aberração das importações da teoria criminológica europeia não se dá porque foram adotadas de forma imprópria na América Latina, ao não se levar em conta sua realidade e suas necessidades na questão criminal. Pelo contrário, a discursividade colonial que, em realidade, não pretendia ser rompida, encontrou renovação na criminologia tradicional. Esse saber, que muito antes era produzido aqui, ritualizado e aperfeiçoado por meio da colonização, levado à Europa e aqui realocado, torna, em realidade, mais adequado tratar do termo *continuidade*, em vez de *tradução* teórica.

Nesse ponto, Máximo Sozzo reconhecerá que as traduções/importações das teorias positivistas na América Latina não podem ser compreendidas pela chave de leitura do que chama de metáfora da translação,[93] como se fossem meros transplantes, transposições ou transferências teóricas do Centro à Margem. Nesse viés, deve-se evitar o entendimento de que as traduções são apenas importações teóricas, pois a tradução também é um processo criativo do qual a traição seria um componente inerente, tendo em vista que é um processo culturalmente criativo.[94] Ou seja, o tradutor é um outro autor que interpreta e cria significado ao traduzido quando se recepciona a teoria em uma outra língua e em outra cultura.[95] Portanto, fazer com que as traduções fossem moldadas (nem equivocada nem forçosamente) não significa que se tenha perdido sua matriz teórica, fazendo com que não existisse, propriamente, uma criminologia na América Latina ou uma criminologia latino-americana, pois é disso mesmo que se trata uma tradução: produzir modulações teóricas, adaptações de perspectivas para se encaixarem aos objetivos do tradutor.

É necessário, portanto, admitir que existia uma criminologia latino-americana, e que essa criminologia era positivista, assumindo a

---

Tradução de Vania Romano Pedrosa e Amir Lopez da Conceição. 5 ed. Rio de Janeiro: Revan, 2014, p. 66). Portanto, a história da América Latina passa a ser influenciada, senão forjada, pelos acontecimentos mundiais, principalmente pela implementação das ideias do Centro na identidade latino-americana.

93 SOZZO, Máximo. **Viagens Culturais e a Questão Criminal**. Tradução de Sérgio Lamarão. Rio de Janeiro: Revan, 2014, p. 43.

94 SOZZO, Máximo. **Viagens Culturais e a Questão Criminal**. Tradução de Sérgio Lamarão. Rio de Janeiro: Revan, 2014, p. 42.

95 SOZZO, Máximo. **Viagens Culturais e a Questão Criminal**. Tradução de Sérgio Lamarão. Rio de Janeiro: Revan, 2014, p. 43.

responsabilidade pelo racismo que estruturou nosso poder punitivo. Nesse sentido, não bastaria somente abdicar de traduções ou de importações das teorias criminológicas. Seria necessário romper com toda a estrutura racializada do poder punitivo.

No entanto, a criminologia da libertação preferiu conceber a teoria positivista como "traduções/importações culturais que, por ser pura translação (transferência/transposição/transplante), não dava conta da realidade social latino-americana".[96] Nessa definição, para romper com o que se definiu como "velha criminologia", uma criminologia da libertação, para Lola Anyiar, deveria se libertar dessas velhas traduções e de suas aplicações no sistema penal latino-americano para buscar uma criminologia latino-americana.[97] Assim, uma criminologia latino-americana, para a criminologia da libertação, seria sempre a oposição ao velho saber criminológico.

Portanto, a independência intelectual era a principal ambição da nova criminologia latino-americana, que acabou por realizar novas viagens culturais para a construção do saber criminológico. Para Sozzo, não houve uma interrupção das traduções criminológicas. O que ocorreu, efetivamente, foi uma seletividade dos textos que seriam traduzidos e que faziam sentido na possibilidade da construção da criminologia latino-americana:

> As "novas" traduções criminológicas "são boas", as "velhas" são "más" em função dos textos que transportam. As primeiras trasladam vocabulários criminológicos que são valorizados positivamente — teórica, politicamente — e apoiam a necessidade de uma investigação/interpretação local dos contextos locais. O que se joga na distinção é a reprodução ou não da dependência cultural fundada na dependência econômica dos países latino-americanos com respeito aos Estados Unidos e à Europa. As velhas traduções criminológicas reforçam a dependência, o colonialismo; as novas, em troca, produzem "libertação".[98]

---

96 SOZZO, Máximo. **Viagens Culturais e a Questão Criminal**. Tradução de Sérgio Lamarão. Rio de Janeiro: Revan, 2014, p. 59.

97 SOZZO, Máximo. **Viagens Culturais e a Questão Criminal**. Tradução de Sérgio Lamarão. Rio de Janeiro: Revan, 2014, p. 59.

98 SOZZO, Máximo. **Viagens Culturais e a Questão Criminal**. Tradução de Sérgio Lamarão. Rio de Janeiro: Revan, 2014, p. 67.

O exemplo brasileiro dessa lógica de libertação intelectual está presente na Criminologia Radical de Juarez Cirino dos Santos, na qual o autor demonstra a necessidade de rompimento com a criminologia tradicional, denunciado o viés classista do poder punitivo e prendendo-se à questão de classe e à estrutura econômica como elementos criminógenos. Parece que, apesar do deslocamento do objeto de estudo para as relações sociais, há um certo apego à tentativa de descobrir o que provoca a criminalidade. O que se defende na criminologia radical de Juarez Cirino é o deslocamento da questão biológica para as "estruturas econômicas necessárias e suficientes para a existência do comportamento criminoso".[99] Novas traduções podem ser percebidas no texto do autor:

> Um dos avanços científicos da Criminologia Radical teria sido demonstrar a relação funcional entre os mecanismos seletivos do processo de criminalização e a lei do desenvolvimento histórico da formação econômico-social capitalista: a relação entre o cárcere, como instituição central de controle social, e a *fábrica*, como instituição central da economia, é a matriz histórica da sociedade capitalista, desde a transformação do camponês (separado do campo e de seus meios de produção) em trabalhador livre (sem meios de produção) adaptado à fábrica, até a reprodução das condições em que se fundamenta o modo de produção capitalista, a separação trabalhador/meios de produção.[100]

Percebe-se, no trecho, o silenciamento quanto à escravidão moderna que se fez no Brasil e sua contribuição nas traduções criminológicas positivistas, bem como na seletividade racista do poder punitivo brasileiro. Uma criminologia que se diz radicalizar com tudo que foi até então produzido em termos criminológicos, em que pese o importantíssimo rompimento com a escola etiológica-positivista, perde sua potência ao indicar alternativas ou reformas possíveis para tornar o poder punitivo palatável em termos democráticos. A Criminologia Radical de Cirino, após a construção teórica, indica como solução a criminінalização da classe dominante, compreendendo a

---

99 SANTOS, Juarez Cirino dos. **A Criminologia Radical**. 4 ed. Florianópolis: Tirant lo Blanch, 2018, p. 51.

100 SANTOS, Juarez Cirino dos. **A Criminologia Radical**. 4 ed. Florianópolis: Tirant lo Blanch, 2018, p. 47.

punição como um possível local democrático para a "redução das desigualdades de classe".[101]

Percebe-se que essa criminologia radical parece se satisfazer e se consolidar quando seu modelo teórico se realiza em uma forma de governo:

> a política criminal radical, fundada nas relações de produção, objetiva transformar a estrutura econômica e as superestruturas jurídicas e políticas do capitalismo, mediatizada pela redução das desigualdades sociais na área do sistema de justiça criminal, a ampliação da democracia nas relações de poder político e a promoção do contrapoder proletário, pelo desenvolvimento da consciência de classe e da organização política de classe trabalhadora: a política de substitutos penais seria um desdobramento tático imediato de uma estratégia geral radical (construção do socialismo), como um sentido humanista e liberalizante, por um lado, e o restabelecimento da funcionalidade precária das relações de dominação, por outro lado, que marcam o reformismo penal.[102]

Nada de contrapoder, nada de não jogar o jogo do sistema econômico, nada de desestabilizar o poder punitivo, nada de compreender as táticas das relações de poder — a não ser para ampliar a ideia de democracia nas relações de poder político. Reformismo, nada de radical, portanto.

Augusto Jobim do Amaral percebe que a criminologia deve se deixar pulsar instantes outros que não o tempo por vir, uma criminologia que não se ambiciona como futuro, como amanhã, mas com desconstrução.[103] Nesse sentido, o pensamento crítico no âmbito criminológico, o que Augusto Jobim denomina, a partir de Sandro Chignola, como "Política da Criminologia", não se realiza no solucionismo nem se compraz com o momento de abolição do sistema penal, pois ela é, a todo instante, a todo tempo, outros modos de vida capazes de desestabilizar o poder punitivo.[104]

---

101 SANTOS, Juarez Cirino dos. **A Criminologia Radical**. 4 ed. Florianópolis: Tirant lo Blanch, 2018, p. 118.

102 SANTOS, Juarez Cirino dos. **A Criminologia Radical**. 4 ed. Florianópolis: Tirant lo Blanch, 2018, pp. 117-118.

103 AMARAL, Augusto Jobim. **Política da Criminologia**. São Paulo: Titant lo Blanch, 2020, p. 172.

104 AMARAL, Augusto Jobim. **Política da Criminologia**. São Paulo: Titant lo Blanch, 2020, p. 60.

Sobre uma criminologia que não se cansa de desestabilizar o governo da punição, sendo sempre desconstrução, Augusto Jobim do Amaral afirma que:

> A bom rigor, a radicalidade filosófica de qualquer criminologia parece não poder distar da interrogação sempre candente sobre aquilo que pode assumir o sentido de humano — e para além dele — engolido pelas engrenagens criminais/criminosas bem pensadas e objetificantes de um estado de coisas que não se suporta mais, senão ao preço das suas maiores perversões, ser conciliado e sustentado como normal ou possível de administrar — inclusive, repita-se, sob o verniz crítico ou até mesmo abolicionista.[105]

Esse recorrente e inesgotável devem ser marcados, no Brasil, pela denúncia e pela desconstrução das raízes racistas que se prendiam em uma tecnologia biologista, a qual auferia legitimidade ao racismo, não só no que tange à questão criminal, mas às relações de poder no Brasil. Não basta que a criminologia se esgote na memória do acontecido. A criminologia crítica brasileira só se fará possível ao reconhecer e se responsabilizar não só pelo seu histórico, mas por sua atuação no presente, pois a criminologia tradicional não só se prestou a formar o perfil do criminoso, como também ditou o ideal de sociedade brasileira:

> Autoridades governamentais e sociedade dominante se mostraram perfeitamente satisfeitas com o ato de condenar os africanos "livres", e seus descendentes, a um novo estado econômico, político, social e cultural de escravidão em liberdade. Nutrido no ventre do racismo, o "problema" só podia ser, como de fato era, cruamente *racial*: como salvar a raça branca da ameaça do sangue negro, considerado de forma explícita ou implícita como "inferior".[106]

É irrefutável que a criminologia crítica, a nova criminologia, ou se quiserem, a criminologia da libertação, são (ou é, tendo em vista que, no cerne, trata-se de criminologia crítica) trouxe importantíssima ruptura com o pensamento criminológico positivista. Como bem nos lembra Vera Regina

---

105 AMARAL, Augusto Jobim. **Política da Criminologia**. São Paulo: Titant lo Blanch, 2020, pp. 170-171.

106 NASCIMENTO, Abdias. **O genocídio do Negro Brasileiro**: Processo de um racismo mascarado. 3. ed. São Paulo: Perspectiva, 2016, p. 81.

Pereira de Andrade, a criminologia crítica realizou uma análise estrutural macrossociológica, colocando em evidência o sistema de controle social penal e suas funções na reprodução simbólica e instrumental da dominação burguesa, "num contexto predominantemente urbano, masculino e branco que não se propôs a trabalhar relações de gênero ou raciais".[107]

De fato, dentro do recorte exclusivo de classe, a criminologia crítica cumpriu bem o seu papel. Contudo, não entendo que não se possa cobrar dela os silêncios sobre gênero e raça, pois se o que tínhamos, na época, era justamente "as trevas dos positivismos em todas as direções do controle social",[108] era exatamente por isso que a criminologia crítica não podia deixar de se propor a tratar, ao menos, das relações raciais. Era exatamente ali que a criminologia crítica deveria ter se debruçado, onde era mais visível e constantemente proferido: no racismo nos discursos e nas práticas do controle penal e social. Era ali mesmo que não se comportava, que não deveria ter se suportado, um regime de silenciamento da crítica. Nesses termos, a crítica que aqui se faz não é descontextualizada, muito pelo contrário. Era ali mesmo naquele contexto, desde logo, na urgência, que deveria a criminologia crítica ter assumido a posição antirracista.

Uma crítica criminológica não deve somente produzir, mas, sobretudo, provocar um movimento ético que intervenha permanentemente nesse estado de coisas que, em realidade, nunca se suportou (a não ser por aqueles que exerciam o poder e mantinham esse estado de coisas a seu favor). Crítica criminológica brasileira, portanto, não se limita ao diagnóstico de seletividade penal, reduzindo-se à análise das prisões ou a dizer aquilo que deve ser feito no lugar do poder punitivo. Tampouco é dizer quais são os limites do poder punitivo, nem dar contornos legitimadores ao discurso jurídico-penal, nem esperar dele que seja *dique* das ilegalidades. Nesses termos, uma crítica criminológica não pode se debruçar na tentativa de buscar o que resta das

107 ANDRADE, Vera Regina Pereira. Criminologia em Pedaços: Manifesto por uma aliança para a brasilidade. **Boletim do Instituto Brasileiro de Ciências Criminais**. nº 328. Publicado em 17/04/2020.

108 ANDRADE, Vera Regina Pereira. Criminologia em Pedaços: Manifesto por uma aliança para a brasilidade. **Boletim do Instituto Brasileiro de Ciências Criminais**. nº 328. Publicado em 17/04/2020.

penas perdidas ao tentar encontrá-las em uma aplicabilidade mais adequadas, amparada na cautelaridade. Pensar o poder punitivo criticamente é pensar para além dele, não o compreender como possível redutor das ilegalidades, tornando-o necessário e desejado ao esperar que o poder punitivo se detenha à legalidade e às garantias que dele próprio possam advir.

Assim, da crítica criminológica não se espera dizer o que deve ser feito para tornar o poder punitivo menos punitivo — se é que isso é possível. O que se espera da crítica criminológica é a mudança de linguagem, que seja libertação das regras do jogo da punição ao tornar visíveis as práticas, as estratégias e os discursos, não para readequá-los, mas para recusá-los.[109] Levando tudo isso em conta, a crítica criminológica no Brasil é a atividade de desestabilizar a cada instante o racismo, colocá-lo em visibilidade para além da evidência.

Nesses termos, a relação entre criminologia e racismo foi abordada por Luciano Góes ao colocá-lo como base estruturante da criminologia brasileira. O autor aponta os processos de tradução marginal da criminologia positivista, a qual vinculava o negro ao criminoso, abarcada por uma teoria racial etiológica que se proliferou a partir do medo branco "da perda de sua hegemonia absoluta nos espaços físicos, políticos e sociais, e da desestruturação da ordem racial fundante de uma nação excludente."[110] A observação do autor é certeira ao verificar a permanência da dominação da população afro após a abolição, legitimada pela criminologia positivista que lhe dava base científica. Nesse ponto, o autor alude que:

---

109 "Atualmente, não se trata mais, no essencial, de participar desses jogos de poder de modo a fazer respeitar mais sua própria liberdade ou seus direitos: não se deseja simplesmente mais jogos desse tipo. Não se trata mais de confrontos no interior desses jogos, mas sim de resistências ao jogo e de recusa do próprio jogo. Esta é, de fato, a característica de um certo número dessas lutas e combates." (FOUCAULT, Michel. A Filosofia Analítica da Política. *In*: MOTTA, Manoel Barros da. **Ditos e Escritos**: ética, sexualidade, política. vol. V. 3. ed. Rio de Janeiro: Forense Universitária: 2017, p. 45.) Crítica Criminológica como luta, portanto.

110 GÓES, Luciano. **A "Tradução" de Lombroso na obra de Nina Rodrigues**: O racismo como base estruturante da criminologia brasileira. Rio de Janeiro: Revan, 2016, p. 145.

> Se a abolição da escravatura brasileira foi um passo em direção à igualdade que não ilumina(va) os negros, cidadãos somente perante o Direito Penal, enquanto que no restante do ordenamento jurídico pátrio eram "coisas", configurando uma "dualidade perversa", a Criminologia Positivista forneceu a base "cientifica" para a desigualdade e criminalização negra, mantendo a subjugação, os açoites e o genocídio, mesmo após a "liberdade" que acorrentava o negro com novos grilhões, sempre forjados pelos racismo.[111]

Portanto, esse colonialismo intelectual também é responsável por nos manter colônia econômica e política, demonstrando a dependência do pensamento criminológico na busca da justificação da perpetuação do status quo.

Vê-se, portanto, que não estão muito óbvias essas disfunções quando se percebe que essa racionalidade foi importada, pela minoria ilustrada, com a mesma razão de dominação racial. Ao que parece, a adoção dessa criminologia dependente tem muito a ver com a tentativa de diminuir a disparidade entre o que foi colônia e metrópole, fato que explica o porquê da criminologia positivista no Brasil ter legitimado o massacre de seu próprio povo.

Nesse aspecto, Zaffaroni é preciso ao afirmar que, após a colonização, teria ocorrido o que denominou "autocolonialismo",[112] haja vista a evidente influência dos interesses estrangeiros, responsáveis pela perpetuação dos massacres colonialistas.

Por esse viés, torna-se possível a construção de uma criminologia que se faz a partir do não apagamento, que expõe a violência e o racismo colonial que se perpetuam mesmo após aparentes rupturas, sem ignorar suas matrizes. Reconhecer esse fato é imprescindível para que se verifique o rompimento de paradigmas.

Nesse sentido, será possível perceber que há permanências dessas influências no discurso jurídico-penal, principalmente em relação ao cotidiano

---

111 GÓES, Luciano. **A "Tradução" de Lombroso na obra de Nina Rodrigues**: O racismo como base estruturante da criminologia brasileira. Rio de Janeiro: Revan, 2016, p. 197.

112 ZAFFARONI, Eugenio Raúl. **Em Busca das Penas Perdidas**: A perda de legitimidade do sistema penal. Tradução de Vania Romano Pedrosa e Amir Lopez da Conceição. 5 ed. Rio de Janeiro: Revan, 2014, p. 367.

do sistema. Por esse viés, o sistema penal apenas reproduz a estrutura racista na qual se fundou sua legitimação.

Contribuições para uma Criminologia Brasileira

O projeto denominado criminologia da libertação na América Latina, proposto por Lola Aniyar de Castro, foi tomado como ponto de partida decolonial para a proposta da criminologia crítica brasileira. No entanto, algumas ressalvas devem ser feitas quanto à compreensão de que houve uma modernização tardia, bem como um capitalismo tardio, colocando a América Latina sempre à margem da Europa, o que demonstra ares eurocêntricos nessa perspectiva teórica.

Há não ditos da criminologia da libertação que focalizam a compreensão do sistema penal latino-americano na luta de classes, direcionando o pensamento crítico, que pretendia ser eminentemente latino-americano, à Revolução Francesa, marcando a discussão criminológica no capitalismo, esquecendo-se, por vezes, das influências coloniais.

O certo é que nenhuma teoria se faz isolada do mundo, e o objetivo não é que se crie uma teoria brasileira criminológica exclusiva, o que também não se fará no presente trabalho. O que se pretende, no momento, é estabelecer algumas ligações com outros locais do mundo que, assim como a Europa, também atravessaram a história brasileira e conectaram-se com nossa história colonial.

Autores latino-americanos, ao abordarem a necessidade de construção de uma criminologia própria, como demonstrado, não partem do colonialismo e de suas heranças hierárquicas, acabando por compreender a estrutura social latino-americana a partir do capitalismo tardio. A própria Rosa del Olmo, ao tocar no racismo da ciência criminológica positivista, reduz a questão à classe, ao mencionar que: "O racismo teve um papel central: *os pobres eram pobres porque eram biologicamente inferiores*".[113] No entanto, ao menos no Brasil, a centralidade discursiva da criminologia positivista se afixava na questão racial e a hipossuficiência econômica era explicada pela inferioridade das raças não brancas.

---

113 OLMO, Rosa del. **A América Latina e sua Criminologia**. Tradução de Eduardo Pizzolante e Sylvia Moretzsohn. Rio de Janeiro: Revan, 2004, p. 44.

Ao colocarem a questão de classe como principal opressão a ser compreendida e debatida pela nova criminologia, os não ditos da criminologia da libertação, na tentativa de construção histórica da criminologia latino-americana, demonstram a falta de percepção da estrutura racial em que se desenvolveu a criminologia tradicional:

> As alegações de que esta estratificação é "não racial" ou "puramente social e econômica" são chavões que se repetem e racionalizações basicamente racistas: pois o fator racial determina a posição social e econômica na sociedade brasileira. Frantz Fanon observa com propriedade: "O racista numa cultura com racismo é por esta razão normal. Ele atingiu a perfeita harmonia entre relações econômicas e ideologia".[114]

Nesse sentido, entendemos que uma criminologia brasileira deve, impreterivelmente, ser antirracista e, portanto, deve não apenas denunciar, mas combater o racismo colonial. Assim, uma teoria interseccional, que abarcasse as questões de gênero, raça e classe, sem colocar esta última como principal categoria trabalhada pela criminologia crítica, poderá melhor se aproximar da proposta de uma criminologia brasileira e, portanto, desse manifesto por uma aliança para a brasilidade ao qual nos convoca Vera Regina Pereira de Andrade.[115]

Angela Davis adverte quanto à necessidade de se aderir a uma concepção interseccional desenvolvida pelo feminismo negro e pelas minorias étnicas, em que não se pode analisar "o gênero isolado da raça, da classe, da sexualidade, da nacionalidade, das capacidades físicas",[116] e dos demais eixos de opressão que podem não se sobrepor, mas que se atravessam e se complementam.

---

114 NASCIMENTO, Abdias. **O genocídio do Negro Brasileiro**: Processo de um racismo mascarado. 3. ed. São Paulo: Perspectiva, 2016, p. 101.

115 ANDRADE, Vera Regina Pereira. **Criminologia em Pedaços**: Manifesto por uma aliança para a brasilidade. **Boletim do Instituto Brasileiro de Ciências Criminais**. nº 328. Publicado em 17/04/2020.

116 DAVIS, Angela. **A Liberdade é uma Luta Constante**. Tradução de Heci Regina Candiani. São Paulo: Boitempo, 2018, p. 51.

Por todo o cenário apontado, é papel da criminologia crítica brasileira, ao menos, denunciar o racismo impregnado nas teorias da pena, na legitimidade do direito penal, nas políticas criminais e, principalmente, no racismo institucional e estrutural que movimenta e potencializa as relações sociais racionalizadas, não só no controle formal, como também no controle informal.

Nesse sentido, o feminismo negro oferece a base epistemológica necessária para sustentar uma criminologia própria do Brasil. O conceito de interseccionalidade[117] como instrumento para identificar a matriz colonial presente nas estruturas de dominação, opressão e controle social brasileiro permite abordar o racismo, juntamente com o capitalismo, o machismo e a cisheteronormatividade, sem tratá-lo como recorte. É a partir da interseccionalidade que é possível colocar a crítica ao racismo *da* e *na* criminologia no mesmo patamar em que se discute o capitalismo e suas influências na questão criminal. Por essa estratégia, seria permitido que se descolasse o foco das epistemologias eurocêntricas, mesmo quando se parte de um viés decolonial para uma criminologia antidependente. Carla Akotirene expõe que:

> O problema não está necessariamente nas respostas identitárias dadas à matriz colonial, mas em quais metodologia usamos para formular tais respostas, que, não raro, enveredam para uma dependência epistemológica da Europa Ocidental e Estados Unidos, a exemplo, feminismo da mulher universal e marxismo.[118]

---

117 Kimberlé Crenshaw conceitua interseccionalidade como "A conceituação do problema que busca capturar as consequências estruturais e dinâmicas da interação entre dois ou mais eixos da subordinação. Ela trata especificamente da forma pela qual o racismo, o patriarcalismo, as opressões de classe e outros sistemas discriminatórios criam desigualdades básicas que estruturam as posições relativas de mulheres, raça, etnias, classe e outras." (CRENSHAW, Kimberlé. Documento para o encontro de especialistas em aspectos da discriminação racial relativos ao gênero. **Estudos Feministas**, v. 10, n. 1, p. 171-188, 2002. Tradução de Liane Schneider. Disponível em: https://periodicos.ufsc.br/index.php/ref/article/view/S0104-026X2002000100011/8774. Acesso em: 05 dez 2019, p. 177.)

118 AKOTIRENE, Carla. **O que é Interseccionalidade?** Coleção Feminismos Plurais. Coordenação Djamila Ribeiro. Belo Horizonte: Justificando, 2018, p. 31.

Tratar a criminologia a partir da interseccionalidade permitirá que se compreenda as diversas matrizes, principalmente raciais, que impulsionam o poder punitivo formal e informal, bem como as relações de poder que o atravessam. Nesse sentido, a viagem cultural que se deve fazer está para além dos ditos jardins floridos da Europa, mas perpassa suas colônias como principal campo para compreender os imbricamentos entre Brasil e África, entre Ocidente e a diáspora africana.

Se a interseccionalidade permite que o pensamento feminista se construa criticamente a partir do reconhecimento da existência de outras identidades que estão sujeitas a espaços de subalternidade e apagamentos que se dão através da universalização da identidade da mulher, poderá também fornecer matriz metodológica para o pensamento criminológico na percepção da raça como construção crítica da estrutura, não somente institucional, como também das relações sociais no Brasil.

Nesse sentido, deve-se ter cuidado com políticas identitárias que, por vezes, se dão no campo criminológico-crítico, sempre devendo ser entendidas como lutas antiopressões, haja vista que a identidade é construída, também, a partir de processos de assujeitamento. É por isso que "juntos, racismo, capitalismo e heteropatriarcado devem ser tratados pela interseccionalidade observando os contornos identitários da luta antirracista diaspórica",[119] sem hierarquização entre os eixos de opressão. Tratar somente da questão de classe e da luta de classes, principais eixos de opressão denunciados pela Criminologia Crítica, não consegue explicar nem alcançar a experiência repressora do racismo que atravessam as estruturas de classe de matriz colonial.

Abordar o racismo como recorte resulta em uma produção científica criminológica que, ao fazer referência ao racismo e ao controle social, conjectura as influências da escola positivista como responsáveis pela estrutura racista em que se assentou o controle social/racial brasileiro. Rompendo com essa ideia, Evandro Piza, Marcos Vinícius Queiroz e Pedro Costa, como outrora referido, revisitam a hipótese colonial para explicar a violência do controle social na constituição do racismo. Dessa forma, os autores defendem

119 AKOTIRENE, Carla. **O que é Interseccionalidade?** Coleção Feminismos Plurais. Coordenação Djamila Ribeiro. Belo Horizonte: Justificando, 2018, p. 34.

que a Conquista, na Modernidade, transforma-se em práxis constitutiva do racismo muito antes de seu surgimento científico.[120] Ao fazerem referência à W. E. B. Du Bois e Frantz Fanon, refletem sobre a importância de centralizar no colonialismo o debate sobre racismo para além do marco científico médico/criminológico:

> Ao perceber o colonialismo como uma dominação política e econômica sobre uma unidade política geográfica externa, geralmente habitada por pessoas de raças e culturas diferentes, abriram flanco para se entender a construção da criminologia como uma ciência social a serviço do imperialismo e com repercussões profundas nas realidades pós-coloniais. Evidenciando esta conexão, também contribuíra, para a apreensão de que a negligência da pesquisa criminológica contemporânea em relação ao impacto do colonialismo sobre os seus saberes faz parte das permanências e continuidades do modelo colonial na produção do conhecimento.[121]

Ao se pretender fazer criminologia brasileira, é impreterível que se abra mão de conceitos próprios de uma racionalidade colonial, tais como o conceito de Periferia e Centro, em busca de transformar a dita periferia em centro de produção de conhecimento a partir de sua história e das racionalidades que dela advêm.

Duarte, Queiróz e Costa registram como a academia, com seu pacto de branquidade e com suas grandes narrativas criminológicas, suprimem partes da própria história que pretende contar. Inclusive, os autores abordam o epistemicídio,[122] o qual encobre a produção científica dos marginalizados

---

120 DUARTE; Evandro Piza; QUEIROZ, Marcos Vinícius Lustosa; COSTA, Pedro Argolo. A Hipótese Colonial, um diálogo com Michel Foucault: A modernidade e o Atlântico Negro no centro do debate sobre racismo e sistema penal. **Univesitas Jus**. v. 27. n. 2, 2016, p. 02.

121 DUARTE; Evandro Piza; QUEIROZ, Marcos Vinícius Lustosa; COSTA, Pedro Argolo. A Hipótese Colonial, um diálogo com Michel Foucault: A modernidade e o Atlântico Negro no centro do debate sobre racismo e sistema penal. **Univesitas Jus**. v. 27. n. 2, 2016, p. 05.

122 Sueli Carneiro trabalha com o conceito de epistemicídio fornecido por Boaventura Souza Santos "para quem o epistemicídio se constituiu e se constitui num dos instrumentos mais eficazes e duradouros da dominação étnica/racial, pela negação

cientificamente, em especial daqueles que trataram o racismo como dispositivo fundante da criminologia.

Ao perceber a branquidade na produção do conhecimento criminológico, Evandro Piza propõe um escape à academia como denominador importante para criminologia crítica brasileira, indicando a necessidade de formação de redes em uma instituição em que os espaços são disputados por sujeitos individuais, tornando a produção não somente acadêmica e, assim, menos excludente[123].

Quanto ao citado pacto de branquitude na academia, o documentário "O mestre de Apicucos", citado por Camila Prando, destinado a documentar a rotina de Gilberto Freyre, bem ilustra a imagem da branquitude acadêmica. A pesquisadora argumenta que, muito mais que apresentar a vida do sociólogo, ele documenta as vidas que garantiam a Gilberto Freyre o exercício da intelectualidade.[124]

A imagem do mordomo, empregados e cozinheiras denuncia muito bem a brancura na produção científica e intelectual. Essa "democracia racial" defendida pelo protagonista do documentário se esvazia frente a "pessoas de pele negra, tratadas cordialmente pelo proprietário de Apicucos, [que]

---

que empreende da legitimidade das formas de conhecimento, do conhecimento produzido pelos grupos dominados e, consequentemente, de seus membros enquanto sujeitos de conhecimento." (CARNEIRO, Aparecida Sueli. **A Construção do Outro como não-ser como Fundamento do Ser**. Tese (Doutorado em Educação) – Universidade de São Paulo, São Paulo, 2005, p. 96.)

123 DUARTE, Evandro Piza. A Crítica dos Mortos e um Fantasma na Escrita de Criminologia e Racismo: Introdução ao processo de recepção da criminologia positivista no Brasil. *In*: PRANDO, Camila Cardoso de Mello; GARCIA, Mariana Dutra de Oliveira; ALVES, Marcelo Mayora (orgs.) **Construindo as Criminologias Críticas**: A contribuição de Vera de Andrade. Rio de Janeiro: Lumen Juris, 2018, p. 226.

124 PRANDO, Camila Cardoso de Mello. Releitura sobre a Hipótese do Sistema Penal Contemporâneo e o Trabalho Escravo Contemporâneo: Posição situada da branquidade e a articulação entre trabalho e punição. *In*: PRANDO, Camila Cardoso de Mello; GARCIA, Mariana Dutra de Oliveira Garcia; ALVES, Marcelo Mayora (orgs.) **Construindo as Criminologias Críticas**: A contribuição de Vera de Andrade. Rio de Janeiro: Lumen Juris, 2018, p. 243.

dedicavam-se a que tudo funcionasse enquanto Freyre pensava, desfrutava e escrevia."[125]

Desvencilhar-se dessa branquidade/branquitude acadêmica é perceber que também somos parte da produção dessa hierarquia racial, tornando-nos eticamente responsáveis na produção do saber, principalmente pelos silêncios na escrita. Não se pode esquecer, ao tratar da história de nossa criminologia, os atravessamentos que nos unem ao Atlântico Negro, às cidades negras, à escravidão e ao movimento abolicionista que implicou em novas formas de controle sobre o corpo negro.

É preciso partir da compreensão de que nosso poder punitivo está atrelado às *plantations*, à escravidão e à ausência de ruptura necessária da racionalidade escravocrata que não foram pauta da abolição da escravatura. Nesse aspecto, é preciso perceber que as políticas de lei e ordem no Brasil estão relacionadas ao medo da resistência, vinculado ao movimento abolicionista da escravatura, fazendo com que a massa negra se transformasse "num gigantesco Zumbi que assombrava a civilização; dos quilombos ao arrastão nas praias cariocas".[126]

Vera Malaguti Batista toca no ponto fulcral ao questionar o caráter autoritário das estratégias de controle social no Brasil a partir da análise do medo revelado pelos discursos, partindo desde o modelo colonial e escravagista, bem como da formação de uma República que "incorpora excluindo".[127] Para tanto, a autora analisa como se constrói o imaginário do medo no Brasil a partir das narrativas sobre a revolta de Malês, em Salvador, que era, por vezes, marcada por lendas sobre o negro. A exemplo disso, Batista

---

125 PRANDO, Camila Cardoso de Mello. Releitura sobre a Hipótese do Sistema Penal Contemporâneo e o Trabalho Escravo Contemporâneo: Posição situada da branquidade e a articulação entre trabalho e punição. *In*: PRANDO, Camila Cardoso de Mello; GARCIA, Mariana Dutra de Oliveira Garcia; ALVES, Marcelo Mayora (orgs.) **Construindo as Criminologias Críticas**: A contribuição de Vera de Andrade. Rio de Janeiro: Lumen Juris, 2018, p. 243.

126 BATISTA, Vera Malaguti. **O Medo na Cidade do Rio de Janeiro**: Dois tempos de uma história. 2 ed. Rio de Janeiro: Revan, 2014, p. 21.

127 BATISTA, Vera Malaguti. **O Medo na Cidade do Rio de Janeiro**: Dois tempos de uma história. 2 ed. Rio de Janeiro: Revan, 2014, p. 23.

cita o medo da Revolução Haitiana que assombrava a classe senhoril frente ao relato de que seu líder, Mackandal, haveria sobrevivido à fogueira à qual foi condenado. Essas narrativas, que potencializavam o medo branco frente à possibilidade de resistência daqueles submetidos à tortura e à escravidão, determinou o aumento do controle sobre os escravizados da Bahia.[128]

Vê-se, portanto, que se a criminologia da libertação impulsionou o pensamento crítico na América Latina, instituindo um projeto de libertação intelectual, e advertiu sobre a necessidade de conhecer a história do local onde a criminologia é produzida e aplicada, daí a sua potencialidade. Mais do que o poder punitivo, o colonialismo deve ser objeto de estudo da criminologia crítica brasileira. Até mesmo porque, assim, poder-se-ão identificar as compreensões sobre as pretensões da *intelligentia* brasileira e as traduções criminológicas positivistas da Primeira República. Desta forma, esboçar-se-á uma criminologia crítica antirracista também como atitude, mais do que somente denunciadora da opressão capitalista reduzida à discussão de classe.

Para isso, mais do que as novas viagens culturais à Europa, propõe-se compartilhar as experiências da vivência colonial, o Atlântico Negro, a diáspora africana, permitindo a escrevivência,[129] utilizada como ferramenta metodológica, conectando a produção criminológica crítica aos pensadores africanos. Assim, tornar-se-á possível compreender nossa história, suas racionalidades e as opressões que dela advêm. Afastar-nos dos imbricamentos que nos unem ao outro lado do Atlântico, para além dos países europeus, consubstancia-se sempre na mesma tentativa de negar nossa matriz colonial, acreditando que a libertação deriva da aproximação daqueles que nos fizeram colônia. Esse fenômeno, impulsionado principalmente pela elite intelectual brasileira, próprio do colonialismo, é explicado por Frantz Fanon, que expõe que o objetivo da *intelligentia* é sempre aniquilar

---

128 BATISTA, Vera Malaguti. **O Medo na Cidade do Rio de Janeiro**: Dois tempos de uma história. 2 ed. Rio de Janeiro: Revan, 2014, p. 25.

129 EVARISTO, Conceição. Da grafia-desenho de minha mãe, um dos lugares de nascimento de minha escrita. *In:* Alexandre, Marcos A. (org.) **Representações Performáticas Brasileiras**: Teorias, práticas e suas interfaces. Belo Horizonte: Mazza Edições, 2007.

o passado pré-colonial, sempre voltando-se para o futuro, sendo este futuro sempre o futuro do colonizador:[130]

> No plano do inconsciente, o colonialismo não procurava pois ser percebido pelo indígena como uma mãe gentil e benevolente, que protege a criança contra um ambiente hostil, mas sob a forma de uma mãe que, continuamente, impede o filho fundamentalmente perverso de suicidar-se, de dar livre curso aos seus instintos maléficos. A mãe colonial defende o filho contra ele mesmo, contra o seu ego, contra a sua fisiologia, sua biologia, sua infelicidade ontológica.[131]

É por essa razão que mesmo após a independência, a abolição da escravatura e na Primeira República, a elite intelectual jamais voltou-se ao passado antecolonial para a construção da nação brasileira, considerando que o véu racial do colonialismo se manteve, como visto, nas duas últimas narrativas históricas.

A memória seletiva da história brasileira perpassa pelo o que Paul Gilroy chama de um "racionalismo acrítico e complacente e um anti-humanismo acanhado e retórico que simplesmente banaliza a potência da negação."[132] A potencialidade da negação é observada na ausência da compreensão da inserção do Brasil no capitalismo e na modernidade, ainda que, e principalmente porque, escravocrata, bem como na ideia de que o racismo no poder punitivo advém das traduções da criminologia positivista, narrativas que não proporcionam o devido enfrentamento dos eixos de opressão, em especial no que concerne ao racismo.

Na tentativa de nos colocarmos na modernidade, sem percebermos que já fazíamos parte de seu vocabulário e de sua racionalidade, a narrativa discursiva da elite intelectual brasileira fez exatamente aquilo o que é a

---

130 FANON, Frantz. **Os Condenados da Terra**. Tradução de Enilce Albergaria Rocha e Lucy Magalhães. Juiz de Fora: UFJF, 2015, p. 243.

131 FANON, Frantz. **Os Condenados da Terra**. Tradução de Enilce Albergaria Rocha e Lucy Magalhães. Juiz de Fora: UFJF, 2015, p. 244.

132 GILROY, Paul. **O Atlântico Negro**: Modernidade e dupla consciência. Tradução de Cid Knipel Moreira. 2 ed. Rio de Janeiro: Centro de Estudos Afro-Asiáticos, 2017, p. 125.

modernidade: "a vestimenta do tempo presente, cosida alhures, mas que bastaria vestir para entrar em harmonia com o mundo, mesmo que fosse preciso encurtar alguns membros para nela caber".[133] Foi esta a compreensão que faltou à criminologia da libertação e que deve ser tomada como ponto de partida de um projeto de criminologia crítica brasileira.

A "hipótese colonial" levantada por Evandro Piza tem como objetivo pensar nos limites das narrativas, não só das tradicionais como também das críticas, sobre a produção dos saberes produzidos a partir *do* e *para* o controle social.[134] O autor defende que não foi propriamente a teoria das raças que criou as hierarquias raciais, que são próprias do colonialismo. Em realidade, o discurso sobre o controle social especializou-se na colônia, dando origem à criminologia.[135] A criminologia é, portanto, produto da narrativa e da experiência colonial.

A tentativa de pensar para além dos limites da gramática colonial leva Evandro Piza a entender que o conceito de racismo (como dispositivo) em Foucault e Agamben é insuficiente porque não permite pensar no evento Conquista como campo biopolítico, visto que exploram os acontecimentos da Europa no século XX.[136]

---

133 SARR, Felwine. **Afrotopia**. Tradução de Sebastião Nascimento. São Paulo: N-1 edições, 2019, p. 31.

134 DUARTE, Evandro Piza. Criminologia e Racismo (C&R): Da crítica aos mortos à crítica da branquidade do poder. *In*: PRANDO, Camila Cardoso de Mello; GARCIA, Mariana Dutra de Oliveira Garcia; ALVES, Marcelo Mayora (orgs.) **Construindo as Criminologias Críticas**: A contribuição de Vera de Andrade. Rio de Janeiro: Lumen Juris, 2018, p. 208.

135 DUARTE, Evandro Piza. Criminologia e Racismo (C&R): Da crítica aos mortos à crítica da branquidade do poder. *In*: PRANDO, Camila Cardoso de Mello; GARCIA, Mariana Dutra de Oliveira Garcia; ALVES, Marcelo Mayora (orgs.) **Construindo as Criminologias Críticas**: A contribuição de Vera de Andrade. Rio de Janeiro: Lumen Juris, 2018, p. 209.

136 DUARTE, Evandro Piza. Criminologia e Racismo (C&R): Da crítica aos mortos à crítica da branquidade do poder. *In*: PRANDO, Camila Cardoso de Mello; GARCIA, Mariana Dutra de Oliveira Garcia; ALVES, Marcelo Mayora (orgs.) **Construindo as Criminologias Críticas**: A contribuição de Vera de Andrade. Rio de Janeiro: Lumen Juris, 2018, p. 209.

No entanto, o que se defende na presente obra é que a (im)possibilidade do uso do conceito de dispositivo foucaultiano se trata, apenas, de uma questão de necessidade de deslocamento, mais do que, propriamente, de insuficiência ou impropriedade conceitual. É por essa razão que neste livro foi adotada a perspectiva de ser racismo um dispositivo, entrelaçado pelo viés da necropolítica trabalhada por Mbembe, porque permite pensar a partir da Conquista e do olhar do colonizado. Esse é o deslocamento que faz refletir a partir da Conquista, da experiência de quem é matável.

O conceito de dispositivo articulado por Foucault compatibiliza com a interseccionalidade necessária para compreensão dos eixos de opressão que devem ser incorporados à denúncia de uma criminologia crítica combatente. Se o dispositivo tem linhas que se entrecruzam e se misturam, como lembra Deleuze,[137] que podem derivar-se uma das outras e produzir outras ainda, através de variações ou mutações de gerenciamento, é o que fará com que se refute o universal que buscou a criminologia tradicional — e não deixou de fazê-lo, em certa medida, a criminologia crítica de segunda onda.[138]

Talvez Foucault tenha se concentrado na experiência da Europa no século XX não só porque era europeu, mas porque sua preocupação não era a originalidade de um enunciado, mas sim a regularidade dos enunciados.[139] Tanto é que não se absteve de mencionar a colônia como experimento do

---

137 DELEUZE, Gilles. O que é um Dispositivo? *In*: **O Mistério da Ariana**. Tradução de Edmundo Cordeiro. Lisboa: Passagens, 1996. Disponível em: http://www.uc.pt/iii/ceis20/conceitos_dispositivos/programa/deleuze_dispositivo. Acesso em: 12 dez. 2019.

138 Camila Prando denomina de criminologia crítica de segunda onda a produção criminológica entre os anos de 1980 e 2000, quando se passou a traduzir para o português as obras seminais destes autores latino-americanos, abarcando as produções de Eugenio Raúl Zaffaroni, Lola Anyiar de Castro, Vera Regina Pereira de Andrade e Rosa del Olmo. (PRANDO, Camila Cardoso de Mello. A Criminologia Crítica no Brasil e os Estudos Críticos sobre Branquidade. **Rev. Direito Práxis,** Rio de Janeiro, vol. 9, n. 1, 2018, p. 70-84. Disponível em: http://www.scielo.br/pdf/rdp/v9n1/2179-8966-rdp-9-1-70.pdf. Acesso em: 12 dez. 2019).

139 DELEUZE, Gilles. O que é um Dispositivo? *In*: **O Mistério da Ariana.** Tradução de Edmundo Cordeiro. Lisboa: Passagens, 1996. Disponível em: http://

que foi feito depois na Europa, ao que deu o nome de efeito bumerangue, como já dito.

Esse entrelaçamento das linhas que contemplam um dispositivo possibilita analisar esse saber sobre o negro e o discurso sobre a raça, deixando de tratar o racismo como recorte na criminologia crítica e incorporando-o ao debate sobre o sistema penal brasileiro:

> O que a hipótese colonial aponta é que o sistema penal representa o ponto de gravidade que estabiliza os sentidos sobre ser negro no projeto colonial da Modernidade. O racismo fundamenta as estruturas repressivas, mas não só isso. Não é o efeito inesperado dessas práticas, mas o principal efeito perseguido por essas instituições. Não é tampouco apenas a repressão ao negro, como categoria externa. Raça e punição se encontram numa simbiose em que a racialização é produzida pelo sistema penal e o sistema penal não pode operar renunciado à racialização.[140]

Achille Mbembe trata a política de inimizade como base normativa do direito de matar, sendo o laço que permite definir e normalizar a ideia de que somente se adquire poder e o exerce à custa da vida de alguém. Já Foucault apresenta a ideia de biopoder, o qual funciona mediante a seleção daqueles que devem viver e daqueles que devem morrer, sendo o racismo compreendido como tecnologia de poder, sendo a condição de aceitação da condenação de alguns a morte e o exercício do poder de matar.

Nessa referência, a morte não é apenas do corpo, mas pode se tratar, da mesma forma, da morte política, ainda que reduzida a características biológicas e sentida, propriamente, através dos corpos. Foi o que se experimentou na escravidão, quando o negro escravizado era mantido vivo para

---

www.uc.pt/iii/ceis20/conceitos_dispositivos/programa/deleuze_dispositivo. Acesso em: 12 dez. 2019.

140 DUARTE, Evandro Piza. Criminologia e Racismo (C&R): Da crítica aos mortos à crítica da branquidade do poder. *In*: PRANDO, Camila Cardoso de Mello; GARCIA, Mariana Dutra de Oliveira Garcia; ALVES, Marcelo Mayora (orgs.) **Construindo as Criminologias Críticas**: A contribuição de Vera de Andrade. Rio de Janeiro: Lumen Juris, 2018, p. 209.

o trabalho "mas em 'estado de injúria', em um mundo espectral de horrores, crueldade e profanidade".[141]

Esse enxerto racial, portanto, é reproduzido muito antes do século XX e das teorias nazistas. Em realidade, o que ocorreu na Europa nesse século não é nada mais do que a implementação das técnicas colonizadoras contra os próprios europeus,[142] correspondendo "efeito bumerangue"[143] de que nos fala Foucault. Assim, pode-se entender que o poder exercido sobre o corpo negro pôde ser experimentado na expansão colonial e, principalmente, na economia escravagista no Brasil.[144]

A escravidão e a violência colonial foram resultados da formação do Outro como um não-semelhante, um estrangeiro, um inimigo, um selvagem. A presença do medo e do imaginário consistiu no principal elemento da configuração da imagem do negro e do colonizado como aqueles que

---

141 MBEMBE, Achille. **Necropolítica**. Tradução de Renata Santini. São Paulo: N-1 edições, 2018, p. 28.

142 Vale refletir sobre a afirmação de Aimé Césaire de que: "A verdade é que nesta política 'está inscrita a perdição da própria Europa', e que a Europa, senão tomar precauções, perecerá pelo vazio que criou ao redor de si." (CÉSAIRE, Aimé. **Discurso sobre o Colonialismo**. Tradução de Anísio Garcez Homem. Letras Contemporâneas: 2010, p. 79.)

143 Foucault aponta de onde a prática colonial repercutiu nas estruturas jurídico-políticas do Ocidente: "Nunca se deve esquecer que a colonização, com suas técnicas e suas armas políticas e jurídicas, transportou, claro, modelos europeus para outros continentes, mas que ela também teve numerosas repercussões sobre o mecanismo de poder do Ocidente, sobre os aparelhos, instituições e técnicas de poder. Houve toda uma série de modelos coloniais que foram trazidos para o Ocidente e que fez com que o Ocidente pudesse praticar também em si mesmo algo como uma colonização, um colonialismo interno." (FOUCAULT, Michel. **Em Defesa da Sociedade**: Curso no Collège de France (1975 – 1976). Tradução de Maria Ermantina Galvão. 2 ed. São Paulo: Martins Fontes, 2010, p. 86.)

144 A contribuição de Achille Mbembe é imprescindível para compreender como a história de colonização, diáspora negra e escravização atravessam a modernidade: "Qualquer relato histórico do surgimento do terror moderno precisa tratar da escravidão, que pode ser considerada uma das primeiras manifestações da experimentação biopolítica." (MBEMBE, Achille. **Necropolítica**. Tradução de Renata Santini. São Paulo: N-1 edições, 2018, p. 27.)

deveriam ser eliminados para sobrevivência da cultura e da vida do colonizador. Tal imaginário se mantém com novas configurações, movimento que integra o controle sobre os corpos e a condição de aceitabilidade para exclusão, encarceramento, condições precárias de trabalho, classe e morte.

Fazer esse deslocamento até a colônia, levantando a hipótese colonial, é refletir não sobre uma ausência de produção de uma criminologia da América Latina e, no caso analisado, do Brasil, mas pensar que as traduções criminológicas não deixam de ser uma criminologia produzida no Brasil. A hipótese colonial possibilita desvelar os silêncios que nossa criminologia produz.

Referências Bibliográficas

AKOTIRENE, Carla. **O que é Interseccionalidade?** Coleção Feminismos Plurais. Coordenação Djamila Ribeiro. Belo Horizonte: Justificando, 2018.

AMARAL, Augusto Jobim. **Política da Criminologia**. São Paulo: Titant lo Blanch, 2020.

ANDRADE, Vera Regina Pereira de. **Pelas Mãos da Criminologia**: O controle penal para além da (des)ilusão. Florianópolis: Revan, 2012.

ANDRADE, Vera Regina Pereira. Criminologia em Pedaços: Manifesto por uma aliança para a brasilidade. **Boletim do Instituto Brasileiro de Ciências Criminais**. nº 328. Publicado em 17/04/2020.

BATISTA, Vera Malaguti. **Criminologia e Direito**. Prefácio. Rio de Janeiro: Revan, 2019.

BATISTA, Vera Malaguti. **Introdução Crítica à Criminologia Brasileira.** 2 ed. Rio de Janeiro: Revan, 2015.

BATISTA, Vera Malaguti. **O Medo na Cidade do Rio de Janeiro**: Dois tempos de uma história. 2 ed. Rio de Janeiro: Revan, 2014.

BEVILAQUA, Clóvis. **Criminologia e Direito**. Rio de Janeiro: Revan, 2019.

BOSI, Alfredo. **Dialética da Colonização**. Companhia das Letras: São Paulo, 1992.

CARNEIRO, Aparecida Sueli. **A Construção do Outro como não-ser como Fundamento do Ser**. Tese (Doutorado em Educação), Universidade e São Paulo, São Paulo, 2005.

CASTRO, Lola Aniyar de. **Criminologia da Libertação**. Tradução de Sylvia Moretzsohn. Rio de Janeiro: Revan, 2005.

CÉSAIRE, Aimé. **Discurso sobre o Colonialismo**. Tradução de Anísio Garcez Homem. Letras Contemporâneas: 2010.

CORRÊA, Mariza. **As Ilusões da Liberdade**: A escola Nina Rodrigues e a Antropologia no Brasil. 2 ed. rev. Bragança Paulista: Editora da Universidade São Francisco, 2001.

COSTA, Emília Viotti da. **Da Senzala à Colônia**. 5 ed. São Paulo: UNESP, 2010.

CRENSHAW, Kimberlé. Documento para o encontro de especialistas em aspectos da discriminação racial relativos ao gênero. **Estudos Feministas**, v. 10, n. 1, p. 171-188, 2002. Tradução de Liane Schneider. Disponível em: https://periodicos.ufsc.br/index.php/ref/article/view/S0104-026X2002000100011/8774. Acesso em: 05 dez. 2019.

DAVIS, Angela. **A Liberdade é uma Luta Constante**. Tradução de Heci Regina Candiani. São Paulo: Boitempo, 2018.

DAVIS, Angela. **Mulher, Raça e Classe**. Tradução de Heci Regina Candiani. São Paulo: Boitempo, 2016.

DELEUZE, Gilles. O que é um Dispositivo? *In*: **O Mistério da Ariana**. Tradução de Edmundo Cordeiro. Lisboa: Passagens, 1996. Disponível em: http://www.uc.pt/iii/ceis20/conceitos_dispositivos/programa/deleuze_dispositivo. Acesso em: 12 dez. 2019.

DIAS, Rebeca Fernandes. **Pensamento Criminológico na Primeira República**: O Brasil em defesa da sociedade. Tese (Doutorado em Direito) - Universidade Federal do Paraná, Curitiba, 2015.

DUARTE, Evandro Piza. A Crítica dos Mortos e um Fantasma na Escrita de Criminologia e Racismo: Introdução ao processo de recepção da criminologia positivista no Brasil. *In*: PRANDO, Camila Cardoso de Mello; GARCIA, Mariana Dutra de Oliveira; ALVES, Marcelo Mayora (orgs.) **Construindo as Criminologias Críticas**: A contribuição de Vera de Andrade. Rio de Janeiro: Lumen Juris, 2018.

DUARTE, Evandro Piza. Criminologia e Racismo (C&R): Da crítica aos mortos à crítica da branquidade do poder. *In*: PRANDO, Camila Cardoso de Mello; GARCIA, Mariana Dutra de Oliveira Garcia; ALVES, Marcelo Mayora (orgs.) **Construindo as Criminologias Críticas**: A contribuição de Vera de Andrade. Rio de Janeiro: Lumen Juris, 2018, p. 208.

DUARTE; Evandro Piza; QUEIROZ, Marcos Vinícius Lustosa; COSTA, Pedro Argolo. A Hipótese Colonial, um diálogo com Michel Foucault:

A modernidade e o Atlântico Negro no centro do debate sobre racismo e sistema penal. **Univesitas Jus**. v. 27. n. 2, 2016.

EVARISTO, Conceição. Da grafia-desenho de minha mãe, um dos lugares de nascimento de minha escrita. *In*: Alexandre, Marcos A. (org.) **Representações Performáticas Brasileiras**: Teorias, práticas e suas interfaces. Belo Horizonte: Mazza Edições, 2007.

FANON, Frantz. **Os Condenados da Terra**. Tradução de Enilce Albergaria Rocha e Lucy Magalhães. Juiz de Fora: UFJF, 2015.

FOUCAULT, Michel. **A Arqueologia do Saber**. Tradução de Luiz Felipe Baeta Neves. 5 ed. Rio de Janeiro: Forense Universitária, 1997.

FOUCAULT, Michel. A Filosofia Analítica da Política. *In*: MOTTA, Manoel Barros da. **Ditos e Escritos**: ética, sexualidade, política. vol. V. 3. ed. Rio de Janeiro: Forense Universitária: 2017.

FOUCAULT, Michel. **Em Defesa da Sociedade**: Curso no Collège de France (1975 – 1976). Tradução de Maria Ermantina Galvão. 2 ed. São Paulo: Martins Fontes, 2010.

FREITAS, Ricardo de Brito A.P. **As Razões do Positivismo Penal no Brasil.** Rio de Janeiro: Lumen Juris, 2002.

FREYRE. Gilberto. **Casa Grande e Senzala**: A formação da família brasileira sob o regime da economia patriarcal. 8 ed. vol. 1. Rio de Janeiro: Livraria José Olympio, 1954.

GAUER, Ruth Maria Chittó. **A Construção do Estado-Nação no Brasil: A contribuição dos egressos de Coimbra**. Curitiba: Juruá, 2001.

GILROY, Paul. **O Atlântico Negro**: Modernidade e dupla consciência. Tradução de Cid Knipel Moreira. 2 ed. Rio de Janeiro: Centro de Estudos Afro-Asiáticos, 2017.

GÓES, Luciano. **A "Tradução" de Lombroso na obra de Nina Rodrigues**: O racismo como base estruturante da criminologia brasileira. Rio de Janeiro: Revan, 2016.

GUIMARÃES, Jonathan Razen Ferreira; QUEIROZ, Marcos Vinícius Lustosa. Frantz Fanon e Criminologia Crítica: Pensar o Estado, o Direito e a Punição desde a colonialidade. **Revista Brasileira de Ciências Criminais**. v. n. 135, set., p. 318, 2017.

HOLANDA, Sérgio Buarque de. **Raízes do Brasil**. 27 ed. São Paulo: Companhia das Letras, 2014.

MBEMBE, Achille. **Necropolítica**. Tradução de Renata Santini. São Paulo: N-1 edições, 2018.

MUNANGA, Kabengele. **Rediscutindo a Mestiçagem no Brasil**: Identidade nacional *versus* identidade negra. 5 ed. rev. e ampl. Belo Horizonte: Autêntica, 2019.

NASCIMENTO, Abdias. **O genocídio do Negro Brasileiro**: Processo de um racismo mascarado. 3. ed. São Paulo: Perspectiva, 2016.

OLMO, Rosa del. **A América Latina e sua Criminologia**. Tradução de Eduardo Pizzolante e Sylvia Moretzsohn. Rio de Janeiro: Revan, 2004.

PEIXOTO, AFRÂNIO. Prefácio. *In*: RODRIGUES, Nina. **As Raças Humanas e a Responsabilidade Penal do Brasil**. 3. ed. São Paulo: Cia. Ed. Nacional, 1938.

PRANDO, Camila Cardoso de Mello; GARCIA, Mariana Dutra de Oliveira; ALVES, Marcelo Mayora (orgs.) **Construindo as Criminologias Críticas**: A contribuição de Vera de Andrade. Rio de Janeiro: Lumen Juris, 2018.

PRANDO, Camila Cardoso de Mello. A Criminologia Crítica no Brasil e os Estudos Críticos sobre Branquidade. **Rev. Direito Práxis,** Rio de Janeiro, vol. 9, n. 1, 2018, p. 70-84. Disponível em: http://www.scielo.br/pdf/rdp/v9n1/2179-8966-rdp-9-1-70.pdf. Acesso em: 12 dez. 2019.

PRANDO, Camila Cardoso de Mello. Releitura sobre a Hipótese do Sistema Penal Contemporâneo e o Trabalho Escravo Contemporâneo: Posição situada da branquidade e a articulação entre trabalho e punição. *In*: PRANDO, Camila Cardoso de Mello; GARCIA, Mariana Dutra de Oliveira Garcia; ALVES, Marcelo Mayora (orgs.) **Construindo as Criminologias Críticas**: A contribuição de Vera de Andrade. Rio de Janeiro: Lumen Juris, 2018.

PRANDO, Camila. **O Saber dos Juristas e o Controle Penal**: O debate doutrinário na Revista de Direito Penal (1933 – 1940) e a construção da legitimidade da defesa social. Tese (Doutorado em Direito) - Universidade Federal de Santa Catarina, Santa Catarina, 2012.

RODRIGUES, Nina. **Mestiçagem, degeneração e crime**. v. 15. n. 4. Disponível em: http://www.scielo.br/pdf/hcsm/v15n4/14.pdf. Acesso em: 19 dez. 2019.

RODRIGUES, Nina. **Os Africanos no Brasil**. 6 ed. São Paulo: Ed. Nacional; Ed. Universidade de Brasília, 1982.

ROMERO, Sílvio. Estudos sobre a poesia popular do Brasil, Rio de Janeiro: 1888, p. 10-11. *In*: RODRIGUES, Nina. **Os Africanos no Brasil**. 6 ed. São Paulo: Universidade de Brasília, 1982.

ROMERO, Sílvio. **História da Literatura Brasileira**. Tomo Primeiro. 5 ed. Rio de Janeiro: José Olympio Editora, 1953.

SANTOS, Juarez Cirino dos. **A Criminologia Radical**. 4 ed. Florianópolis: Tirant lo Blanch, 2018.

SARR, Felwine. **Afrotopia**. Tradução de Sebastião Nascimento. São Paulo: N-1 edições, 2019.

SCHWARCZ, Lilia Moritz. **O Espetáculo das Raças**: Cientistas, instituições e questão racial no Brasil 1870-1930. São Paulo: Companhia das Letras, 1993.

SCHWARCZ, Lilia Moritz. **Sobre o Autoritarismo Brasileiro**. São Paulo: Companhia das Letras, 2019.

SOUZA, Jessé. **A Elite do Atraso**: Da escravidão à lava jato. Rio de Janeiro: Leya, 2017.

SOZZO, Máximo. **Viagens Culturais e a Questão Criminal**. Tradução de Sérgio Lamarão. Rio de Janeiro: Revan, 2014.

TORRES, Alberto. **O Problema Nacional Brasileiro**: Introdução a um programa de organização nacional. 4 ed. São Paulo: Editora Universidade de Brasília, 1982.

VIANNA, Oliveira. **Evolução do Povo Brasileiro**. São Paulo: Monteiro Lobato & Cia, 1938.

VIANNA, Oliveira. **Raça e Assimilação**. vol. 4. 3 ed. São Paulo: Companhia Editora Nacional, 1938.

ZAFFARONI, Eugenio Raúl. **Em Busca das Penas Perdidas**: A perda de legitimidade do sistema penal. Tradução de Vania Romano Pedrosa e de Amir Lopez da Conceição. 5 ed. Rio de Janeiro: Revan, 2014.

Conclusão

Como outrora disse Aimé Césaire, "a Europa colonizadora enxertou o abuso moderno na antiga injustiça; o odioso racismo na velha desigualdade".[1] O poeta martiniquense, ao discorrer sobre o discurso do colonialismo, acusou a indefensabilidade da Europa, a qual se autodenominou como precursora de uma ordem superior e, em nome dessa autoproclamação, promoveu o maior genocídio da história mundial antes de voltar-se a si mesma no século XX. Essa Europa indefensável foi tomada pela intelectualidade brasileira como sendo o ideal a ser alcançado. Ao algoz deu-se o nome de civilizado.

No Brasil, já se circunscrevia no discurso dos parlamentares abolicionistas a nova sociedade brasileira, assentada no velho racismo colonial praticado na própria escravidão que pretendia abolir. Cegos pela brancura, não houve qualquer intenção da elite abolicionista de denunciar o racismo que sustentava o lugar que ocupava. É por essa razão que se defendeu, nesta obra, que o discurso e as leis abolicionistas, que se diziam humanistas e benevolentes, não só contribuíram como deram as primeiras pinceladas do que, posteriormente, seria defendido pela criminologia positivista: a criminalização e o genocídio do negro brasileiro.

Analisar os discursos abolicionistas permitiu verificar os não rompimentos que se anunciavam como devir. A República brasileira, o ingresso do Brasil nos ideais liberais, foram sempre enunciados de exclusão, de ideia de progresso em que a negritude significou um obstáculo aos objetivos de identidade nacional. Foi possível compreender como a criminologia investiu no negro como seu objeto de estudo, imputando a ele tudo o que não se queria para a nação brasileira em construção. Ao negro foi atribuído o

---

1 CÉSAIRE, Aimé. **Discurso sobre o Colonialismo**. Tradução de Anísio Garcez Homem. Letras Contemporâneas: 2010, p. 35.

atavismo, a incivilidade, a animalidade, a barbárie e encaixada a máscara do criminoso, o que permitiu que o racismo fosse o dispositivo a ser acionado e adicionado também pela máquina penal.

Pelas mãos da intelectualidade brasileira, o discurso sobre a raça foi a todo tempo anunciado, por vezes através de um racismo explícito e, por outras, através de mitos que encobriam, nas entrelinhas, o racismo estrutural na constituição das relações sociais. Afirmar ter sido a escravidão brasileira menos violenta, acreditar que as relações entre "senhor" e escravizado se davam no âmbito familiar e de ausência de resistência, fez com que a escravidão e sua abolição fossem questionadas pelo viés econômico, de ordem e de progresso, mas sem considerar o racismo como práxis da estrutura colonial.

Quando da abolição da escravidão que, até então, externava-se em uma liberdade sempre adiada, ilustrada através das leis de abolição da escravatura gradual que regulava a irremediável abolição que viria, não deixando de estabelecer o controle sobre esses corpos escravizados, a criminologia fez o papel de legitimar o racismo colonial através de uma pseudociência, com seus resultados manipulados pelo racismo que ditava o que seria a Nação brasileira.

Essa perspectiva também foi assumida por Gilberto Freyre e Sérgio Buarque de Holanda, que suavizaram a história de colonização e escravização no Brasil, ora através do mito da democracia racial, que colocava o Brasil como exemplo a ser seguido no mundo, ora através do homem cordial, herança do português ao brasileiro.

Na tentativa de desmascarar o saber criminológico positivista que se produziu na América Latina, a criminologia da libertação, que se pretendeu denúncia e ruptura, propunha um projeto de criminologia latino-americana que se denominou como nova, sendo aquela que se faz para e pela história da margem, apresentando-se como oposto das traduções da criminologia positivista.

No entanto, foi possível perceber na nova produção criminológica alguns esquecimentos históricos. De fato, a nova criminologia não se esquivou de lembrar do nosso colonialismo, mas sem memorá-lo, sem percebê-lo como principal campo de experimento do discurso sobre a raça e, sem contudo, perceber como a criminologia positivista foi traduzida por nós, latino-americanos brasileiros, por razões que advinham da própria estrutura colonial em que se assentavam as relações sociais, sempre racializadas.

Verificou-se que a criminologia, ao se dizer nova, acabou por não se responsabilizar pelos massacres coloniais e por aqueles que se lançou mão na construção da nação. Não basta que sejam denunciadas as atrocidades do nosso poder punitivo. A responsabilidade ética da criminologia é também para consigo mesma, diante dos genocídios aos quais deu aval científico e cuja ruptura metodológica não resolveu e nem desestabilizou. Sem uma perspectiva antirracista não há efetivo rompimento, pois a mera denúncia do que se fez, como se fosse um passado distante, sempre imputando a culpa em traduções equivocadas, impede perceber como a criminologia positivista não só faz parte da história do Brasil, como também atravessou o que se fez Brasil.

Os novos grilhões, dentro de uma nova ordem econômica, não nascem de uma ruptura, mas de uma mesma narrativa na qual o negro, agora, torna-se objeto da criminologia, de escravizado torna-se criminalizado, na qual a atribuição desse ser indizível a todo tempo dito, invisível mas a todo tempo alvo, é atravessada pelo racismo.

É por esse motivo que se defendeu, na presente obra, que uma criminologia que se diz brasileira deve, necessariamente, compreender o racismo como base estruturante não só dela mesma enquanto etiológica, mas como da estrutura social brasileira. A criminologia crítica não pode se esquivar de perceber o racismo como um dispositivo que toma a morte pela vida e mantém esses dois termos "numa relação de troca infernal e quase permanente".[2]

Identificou-se, sobretudo, que o antirracismo criminológico deve ser combativo, e não somente denunciador de atrocidades passadas, como se nossa criminologia não fosse responsável por elas. Esse é, portanto, o movimento ético da produção criminológica, a autorresponsabilização por seu cientificismo justificante. Perceber essas raízes e, principalmente, o pacto da branquidade que lhe limitou à academia, a falar para si mesma, a julgar a América Latina como um amontoado de cadáveres na pretensão de falar sobre os que julgava vencidos, permitirá tratar o seu ponto fundante não mais como recorte, mas como emaranhado de dispositivos e eixos de opressão que constituem e retroalimentam o poder punitivo brasileiro.

---

2 MBEMBE, Achille. **Sair da Grande Noite**: Ensaio sobre a África descolonizada. Tradução de Fábio Ribeiro. Rio de Janeiro: Vozes, 2019, p. 28.

comece a leitura

Gire o livro e (re)